그림과 작동 원리로 쉽게 이해하는

서버의 기초

서버의 전체 구조와 기술이
한눈에 들어오는 핵심 입문서

그림과 작동 원리로 쉽게 이해하는

서버의 기초

서버의 전체 구조와 기술이
한눈에 들어오는 **핵심** 입문서

지은이 키하시 마사히로

옮긴이 김모세

펴낸이 박찬규 엮은이 최용 디자인 북누리 표지디자인 Arowa & Arowana

펴낸곳 위키북스 전화 031-955-3658, 3659 팩스 031-955-3660

주소 경기도 파주시 문발로 115 세종출판벤처타운 311호

가격 22,000 페이지 192 책규격 175 x 235mm

초판 발행 2023년 04월 25일

ISBN 979-11-5839-424-0 (93000)

등록번호 제406-2006-000036호 등록일자 2006년 05월 19일

홈페이지 wikibook.co.kr 전자우편 wikibook@wikibook.co.kr

그림과 작동 원리로 쉽게 이해하는

서버의 기초

서버의 전체 구조와 기술이
한눈에 들어오는 핵심 입문서

키하시 마사히로 지음
김모세 옮김

위키북스

들어가며

이 책은 서버의 기본적인 역할, 서버를 구축할 때 중요한 점을 그림과 함께 설명한 책입니다. 초판이 많은 호평을 받게 되어 2판을 출판하게 됐습니다. 정말 감사합니다.

하루가 다르게 발전하는 IT 업계에서 가장 눈부신 변화를 보이는 분야는 역시 '서버'입니다. 서버 업계에는 최근 십수 년 동안 '클라우드 컴퓨팅'이나 '가상화 기술' 등 이제까지의 상식을 근본적으로 바꾸는 서비스와 기술들이 차례로 등장했고, 지금 이 순간에도 그 변화는 계속해서 진행 중입니다. 과거에는 서버라고 하면 사내나 데이터센터에 설치하는 것이 당연했습니다. 하지만 클라우드 컴퓨팅이 등장함에 따라 이제는 구름(cloud) 저편 어딘가에 서버가 있는 것이 당연해지고 있습니다. 또한 과거에는 서버 한 대에 하나의 OS가 기본이었지만, 가상화 기술이 등장하면서 한 대에 여러 OS를 기동할 수 있게 됐고, 이제는 그것이 당연시되고 있습니다.

이 책은 이런 어지러운 변화의 한가운데 있는 서버를 갑자기 다루어야만 하게 된 '신입 IT 엔지니어' 또는 '비IT 엔지니어' 분들을 대상으로 썼습니다. 진부한 표현이지만 처음에는 누구나 초보자입니다. 이런 말을 하는 필자 또한 인프라 관련 업무를 막 시작했을 무렵에는 모르는 용어나 약어들이 무수한 총알처럼 날아드는 회의 시간에 '톰캣은 고양이인가?', '스퀴드는 오징어인가?'처럼 머릿속이 물음표로 가득해 고생했던 기억이 납니다. 이 책은 그런 회의에서도 용어를 잘 정리할 수 있도록, 소프트웨어나 서비스 이름을 설명과 그림으로 충분히 담았습니다. 그리고 서버가 가진 기능과 역할을 쉽게 떠올릴 수 있도록 컬러 일러스트도 제공합니다. 서버에 관해 모르는 것이나 모르는 용어가 있다면 우선 이 책을 보십시오. 분명 든든한 동료가 되어줄 것입니다. 이 책이 많은 분들에게 도움이 된다면 필자로서는 더없이 행복할 것입니다.

3　서버를 준비한다

4 사내 서버 기본

5 공개 서버 기본

6 서버를 장애로부터 지킨다

7 서버 보안

8   서버 운용 관리

1

서버란

이번 장에서는 '서버란 무엇인가', '무엇이 필요하고, 어떤 일을 하는가', '왜 필요한가' 같은
기본적인 내용에 관해 다양한 측면에서 설명합니다.

서버란

▌ 서버란

'서버'라는 말을 듣고 여러분은 어떤 이미지를 그리고 있습니까? 어떤 사람은 배구의 '서버', 어떤 사람은 사무실에 있는 '커피 서버'를 떠올릴지도 모릅니다. '서버'라고 한마디로 말해도 시각이 다양한 만큼, 사람에 따라 다른 것들을 떠올릴 것입니다. 그래서 이 책에서 설명하는 '서버'가 애초에 무엇인지, 먼저 언어적인 관점에서 설명합니다.

영어 단어 'server'에는 여러 뜻이 있습니다.[1]

① 테니스 · 탁구 · 배구 따위에서, 서브하는 쪽. 또는 그 사람.

② 음식 · 음료를 내는 데 쓰는 도구

③ 주된 정보의 제공이나 작업을 수행하는 컴퓨터 시스템.

▌ 컴퓨터의 서버는 클라이언트에 서비스를 제공한다

서버(server)는 '제공하다'라는 의미를 가진 'serve'에 '~하는 사람 또는 물건'을 나타내는 'er'이 붙어 만들어진 단어입니다. ①의 서버는 상대의 코트에 공을 보내는 사람이며 ②의 서버는 음식을 내는 데 쓰는 도구를 뜻합니다. 이 책에서 설명하는 서버는 ③의 서버, 즉 네트워크상에서 '클라이언트'에게 정보를 제공하는 작업을 수행하는 컴퓨터 시스템입니다.

지금 당장 확실하게 떠오르지 않는 분들을 위해 예를 들어, 한 번 더 설명합니다. 여러분도 보통 구글 크롬Google Chrome이나 사파리Safari 같은 웹브라우저를 사용해 포털 사이트에서 다양한 정보를 검색할 것입니다. 이때, 웹브라우저가 '클라이언트', 검색 서비스를 제공하는 업체의 컴퓨터가 '서버'입니다.

---

1 (엮은이) ①번과 ③번의 뜻 풀이는 표준국어대사전에서 가져온 것입니다. ②번 뜻은 다음 주소의 영영사전에 나와 있습니다.
https://www.merriam-webster.com/dictionary/server

● 서버(server)의 의미

① 서브를 하는 사람

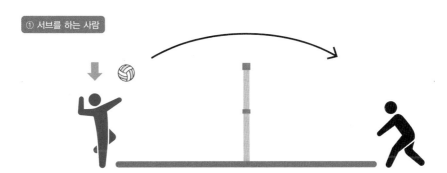

② 음료를 내는 데 쓰는 도구

③ 네트워크상에서 다른 컴퓨터나 소프트웨어에 서비스를 제공하는 컴퓨터

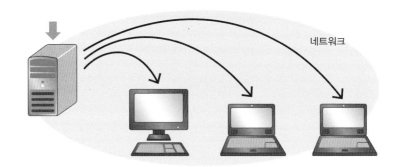

네트워크

관련
용어 웹서버 _ p.114

▐ᐱ 서버의 처리는 클라이언트의 요청에서 시작한다

서버는 그 자체로 작동하는 것이 아니라, 불특정 다수의 컴퓨터에 대해 일방적으로 서비스를 제공하지도 않습니다. 클라이언트로부터 요청(request)을 받아서 처음으로 처리를 시작하고, 서비스를 제공(응답, response)합니다. 서버가 클라이언트에 대해 서비스를 제공할 때, 서버와 클라이언트 사이에서는 다음과 같은 처리가 수행됩니다.

① 클라이언트는 서버에 무언가의 서비스를 요청한다

② 서버는 요청에 따라 맞춰 처리를 수행한다

③ 서버는 처리 결과를 클라이언트로 반환한다

④ 클라이언트는 처리 결과를 받는다

▐ᐱ 웹서비스에 대입해 보자

조금 더 쉽게 떠올리기 위해 여러분에게 친숙한 웹서비스에 이 처리들을 대입해 봅니다. 웹서비스에서 클라이언트는 구글 크롬이나 사파리 같은 웹브라우저이고, 서버는 웹사이트(의 구성 파일)가 있는 컴퓨터입니다.

⑤ 웹브라우저는 웹서버에 '○○ 사이트의 데이터를 주십시오'라고 요청한다

⑥ 웹서버는 ○○ 사이트의 파일을 찾는다

⑦ 웹서버는 ○○ 사이트의 파일을 웹브라우저에 반환한다

⑧ 웹브라우저는 ○○ 사이트의 파일을 받아서 화면에 표시한다

이렇게 서버와 클라이언트로 구성된 시스템을 '클라이언트/서버 시스템'이라 부릅니다. 클라이언트/서버 시스템은 서버에서 데이터를 일원적으로 보다 쉽게 관리할 수 있어 대부분의 컴퓨터 시스템에 채용하고 있습니다.

　클라이언트/서버 시스템과 대비되는 용어로 'P2P(peer to peer)'가 있습니다. P2P 시스템에서는 모든 컴퓨터　**플러스** 가 서버를 경유하지 않고 직접 통신합니다.　**1**

● 서버와 클라이언트의 관계?

서버는 클라이언트로부터의 요청(request)을 받아, 처음으로 처리를 시작하고 그 요청에 맞는
서비스를 제공(응답, response)합니다.

웹서비스를 예로 들면…

클라이언트는 웹브라우저입니다.

서버는 웹서버입니다.

● 웹서비스의 처리 흐름

① 클라이언트가 서버에
서비스를 요청

○○ 사이트의
데이터를 요청한다

② 서버는 요청에 따라
처리를 수행한다

○○ 사이트 데이터를
찾는다

③ 서버는 처리 결과를
클라이언트에
반환한다

○○ 사이트의
데이터를 보낸다

④ 클라이언트는 처리
결과를 받는다

○○ 사이트의 데이터를
화면에 표시한다

1_ 서버란

관련
용어 웹서버 _ p.114

다양한 서버

서버의 역할은 서비스에 따라 결정된다

커피를 제공하는 용기를 '커피 서버'라 부르고, 맥주를 제공하는 용기를 '맥주 서버'라 부르는 것처럼, 컴퓨터의 서버 역시 그 역할이 다양합니다. 그리고 그 서버의 역할을 결정하는 것이 '서비스'입니다.

서버의 '서비스'라 하면 무언가 조금 어렵게 느끼는 분도 있을지 모릅니다. 하지만 사실 어렵게 생각할 필요는 없습니다. 여러분 자신이 인터넷에서 전달하는 정보의 모든 것이 서비스 그 자체입니다. 매일 사용하는 웹, 메일도 '서비스'입니다. 카카오톡이나 트위터^{Twitter}도 모두 '서비스'입니다. 여러분의 스마트폰이나 태블릿 단말도 알지 못하는 사이에 다양한 서비스의 클라이언트가 되어 서버의 서비스를 받고 있는 것입니다.

수많은 서버, 수많은 서비스

컴퓨터 세계에는 셀 수 없을 만큼 많은 서비스가 있으며, 그 숫자만큼 서버의 역할이 있습니다. 하지만 그 모든 것을 이해할 필요는 없습니다. 자신과 관계가 있을 법한 것들만 알면 될 것입니다. 서버의 역할에 관해 말할 때는 'ㅇㅇ서버'와 같이 서비스 이름을 그대로 서버 앞에 붙여 보십시오. 그러면 해당 서버의 역할을 나타내는 용어가 됩니다. 예를 들어, 정보 전송이나 온라인 쇼핑 등 다양한 웹서비스를 웹 클라이언트에 제공하는 컴퓨터는 '웹서버'입니다. 그리고 메일을 송수신하는 서비스를 메일 클라이언트에 제공하는 컴퓨터는 '메일 서버'입니다.

덧붙여 사람에 따라 웹서버를 'HTTPS 서버', 'HTTP 서버'라 부르거나 메일 서버를 'SMTP 서버', 'POP 서버'라 부르기도 하므로 다소 혼란스러울 수도 있습니다. 하지만 그것은 사람에 따라 서비스를 부르는 방법이나 시각이 조금 다른 것뿐, 본질적으로 크게 다르지 않습니다. 적절하게 바꾸어서 생각하기 바랍니다.

● **웹의 유연성과 표현력이 다양한 용도를 만들어내고 있다**

'○○ 서버'의 ○○에는 제공하는 서비스의 이름을 넣습니다.

커피를 제공하는 것은
커피 서버

맥주를 제공하는 것은
맥주 서버

네트워크상에서 전달되는 정보는 모두 무언가의 서비스입니다.

카카오톡

Twitter

Web

메일

YouTube

제공되는 서비스에 기반해서 부른다면 카카오톡 서비스를 제공하는 것은 카카오톡 서버,
트위터 서비스를 제공하는 것은 트위터 서버, 유튜브(YouTube) 서비스를 제공하는 것은
유튜브 서버가 됩니다.

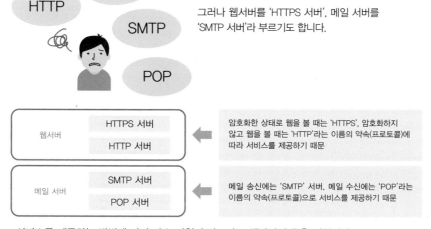

HTTPS

HTTP

SMTP

POP

그러나 웹서버를 'HTTPS 서버', 메일 서버를
'SMTP 서버'라 부르기도 합니다.

웹서버	HTTPS 서버	←	암호화한 상태로 웹을 볼 때는 'HTTPS', 암호화하지 않고 웹을 볼 때는 'HTTP'라는 이름의 약속(프로토콜)에 따라 서비스를 제공하기 때문
	HTTP 서버		
메일 서버	SMTP 서버	←	메일 송신에는 'SMTP' 서버, 메일 수신에는 'POP'라는 이름의 약속(프로토콜)으로 서비스를 제공하기 때문
	POP 서버		

서비스를 제공하는 방법에 따라 다소 명칭이 다르다고 생각하면 좋을 것입니다.

04 서버 소프트웨어

"좋아! 서버를 구축해 보자!"라는 생각이 들었다면 어떻게 해야 할까요? 답은 매우 간단합니다. 컴퓨터에 소프트웨어를 설치하고, 기동해 보기만 하면 됩니다. 결국, 서버는 서비스를 제공하기 위한 소프트웨어인 '서버 소프트웨어'가 가진 기능 자체입니다. 클라이언트는 그 기능을 사용함으로써 서비스를 받을 수 있습니다. PC나 스마트폰에 설치하는 애플리케이션 소프트웨어와 마찬가지로, 서버 소프트웨어를 설치하고 기동하면 빠르게 서버로 바뀝니다.

▤ 다양한 서버 소프트웨어

서버 소프트웨어는 서비스를 제공하기 위한 기능을 가진 소프트웨어입니다. 서비스별로 서버 소프트웨어가 있다고 생각해도 좋습니다. 예를 들어, 웹서비스를 제공하는 소프트웨어는 '웹서버 소프트웨어'이며, 이 소프트웨어가 작동하고 있는 컴퓨터가 '웹서버'입니다. 그리고 메일 서비스를 제공하는 소프트웨어는 '메일 서버 소프트웨어'이며, 이 소프트웨어가 작동하고 있는 컴퓨터가 '메일 서버'입니다.

▤ 여러 서버를 1대의 컴퓨터에 모은다

서버는 결국 '서버 소프트웨어가 제공하는 기능' 그 이상도 이하도 아닙니다. PC나 스마트폰에서 작동하는 애플리케이션 소프트웨어와 마찬가지로 1대의 컴퓨터에서 여러 서버 소프트웨어를 실행시킬 수도 있습니다. 이상하게도 서버가 되면 '서버 한 대당 컴퓨터 한 대'와 같이 착각하는 사람들이 많습니다. 하지만 그렇게 하면 아무리 돈이 많아도 부족합니다. 예를 들어, 웹서버와 애플리케이션 서버를 함께 사용하거나, 메일 서버와 DNS 서버를 함께 사용하는 등 역할이 다른 서버들을 함께 사용함으로써 제한된 리소스를 잘 사용하기 바랍니다.

그림과 작동 원리로 쉽게 이해하는 서버의 기초

한 대의 컴퓨터에 여러 서버를 함께 사용할 때, 컴퓨터의 장애의 영향은 해당 서버들 모두에 미칩니다. 상황에 따른 리스크가 있다는 점에 유념하기 바랍니다.

플러스
1

● 서버 소프트웨어를 설치하면 서버가 된다

서버를 구축한다는 것은 서버 소프트웨어를 컴퓨터에 설치하고, 기동하는 것입니다.

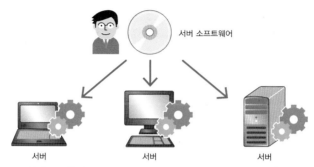

일반적으로 사용하는 데스크톱 PC나 랩톱이라도 서버 소프트웨어를
설치해서 기동하면 서버가 됩니다.

서비스별로 서버 소프트웨어가 있습니다. 예를 들어, 웹서버 소프트웨어를 설치해서 기동하면
웹서버가 됩니다.

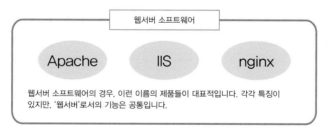

웹서버 소프트웨어의 경우, 이런 이름의 제품들이 대표적입니다. 각각 특징이
있지만, '웹서버'로서의 기능은 공통입니다.

한 대의 컴퓨터에 여러 서버 소프트웨어를 설치해서 기동할 수도 있습니다. 물론 한 대를 한 종류의
서버로 할 수도 있습니다.

관련
용어   메일 서버 _ p.100 / 애플리케이션 서버 _ p.124 / 웹서버 _ p.114 / DNS 서버 _ p.84

05 구축할 서버의 종류와 서버 소프트웨어 선정

▤ 어떤 서버를 준비하는가

실제로 네트워크 시스템을 구축하게 됐을 때, 수많은 서버 중 어떤 서버를 선택하면 좋을까요? 이 궁금증을 해결하는 가장 간단한 방법이 '사용자와 시스템의 목소리에 귀 기울인다'입니다. 모든 대답은 사용자와 시스템의 목소리, 즉 '요구' 안에 있습니다. 예를 들어, '메일을 송신하고 싶다'라는 요구가 있다고 가정합니다. 이때, 메일을 송신하는 서비스를 제공하는 메일 서버가 필요합니다. 그리고 예를 들어, '모두 함께 데이터를 공유하고 싶다'는 요구가 있다고 가정합니다. 이때, 데이터를 한 곳에서 관리하는 파일 서버가 필요합니다. 사용하는 사용자나 시스템의 요구를 듣고, 그것을 확실하게 정의하면 어떤 서버를 준비하는 것이 좋을지 알 수 있습니다.

▤ 어떤 서버 소프트웨어를 설치할 것인가

준비할 서버를 결정했다면, 어떤 서버 소프트웨어를 설치할 것인지 고려합니다. 서버 소프트웨어는 일반적으로 사용하는 것들이 정해져 있으므로 대부분의 경우, 그중에서 선택해서 사용합니다. 예를 들어, 웹서비스를 제공하는 웹서버 소프트웨어의 경우에는 '아파치^{Apache}(오픈 소스 소프트웨어)', '엔진엑스^{nginx}(오픈 소스 소프트웨어)', 'IIS(마이크로소프트)' 중에서 선택하는 경우가 많습니다. 그리고 4-03절에서 설명한 이름 결정 서비스(DNS)를 제공하는 DNS 서버 소프트웨어의 경우에는 'BIND(오픈 소스 소프트웨어)', 'Unbound(오픈 소스 소프트웨어)', 'Windows Server(마이크로소프트)' 중에서 선택하는 경우가 많습니다. 어떤 소프트웨어를 선택할 것인지는 대응하는 OS(윈도우, 리눅스 등)나 예상 프로그래밍 환경(자바, 닷넷, 루비 등), 요구되는 기능이나 구입/운용 관리 비용(초기 비용, 계속 운영 비용 등) 등 다양한 요소를 다각적으로 비교해서 결정합니다.

그림과 작동 원리로 쉽게 이해하는 서버의 기초

오픈 소스 소프트웨어$^{Open Source Software, OSS}$는 소스 코드가 무료로 공개되어 누구나 개선할 수 있고, 재배포할 수 있는 소프트웨어를 말합니다.

● '○○하고 싶다!'는 목소리에서 필요한 서버가 결정된다

다양한 종류의 서버 중 무엇을 도입할 것인지는 사용자와 시스템이 무엇을 필요로 하는가에
따라 결정됩니다.

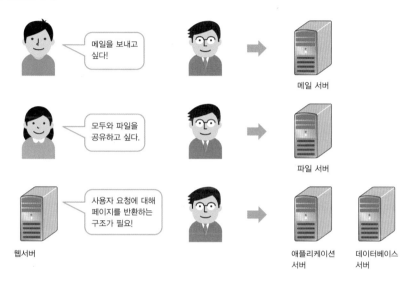

● '○○하고 싶다!'는 목소리에서 필요한 서버가 결정된다

서버	대표적인 서버 소프트웨어
웹서버	Apache(오픈 소스) / nginx(오픈 소스) / IIS(마이크로소프트)
애플리케이션 서버	Tomcat(오픈 소스) / WebLogic Server(오라클) / WebSphere Application Server(IBM)/ IIS(마이크로소프트)
DNS 서버	BIND(오픈 소스) / Unbound(오픈 소스) / Windows Server(마이크로소프트)
프락시 서버	Squid(오픈 소스)
메일(POP/SMTP) 서버	Sendmail(오픈 소스) / qmail(오픈 소스) / Postfix(오픈 소스) / Exchange Server(마이크로소프트)
FTP 서버	vsftpd(오픈 소스) / ProFTPD(오픈 소스) / IIS(마이크로소프트)
데이터베이스 서버	Oracle Database(오라클) / MySQL(오라클, 오픈 소스) / SQL Server(마이크로소프트) / Db2 (IBM)
파일 서버	Samba(오픈 소스) / Windows Server(마이크로소프트)
NTP 서버	ntpd(오픈 소스) / Windows Server(마이크로소프트)
Syslog 서버	syslog-ng(오픈 소스) / rsyslog(오픈 소스) / Kiwi Syslog Server(SolarWinds) / Splunk(Splunk)
SNMP 서버	Net-SNMP(오픈 소스) / Zabbix(오픈 소스) / TWSNMP 매니저(오픈 소스) / OpenView NNM(휴렛 패커드) / Tivoli NetView(IBM)

관련 데이터베이스 서버 _ p.126 / 메일 서버 _ p.100 / 애플리케이션 서버 _ p.124 / 웹서버 _ p.114 /
용어 파일 서버 _ p.92 / DNS 서버 _ p.84

06 서버 운용 기간

구축을 완료한 서버는 서비스 인service in과 함께 운용 관리 단계에 들어갑니다. 운용 관리 단계는 시스템의 수명에서 가장 긴 단계로, 서비스가 종료할 때까지 계속 이어집니다. 서버 운용 관리 단계에서는 '설정 변경', '장애 대응'과 같이 주로 두 가지 작업을 수행합니다.

▌ 설정 변경

서버 관리자는 사용자의 요구에 맞춰, 서버 설정을 변경합니다. 오랫동안 서버의 운용 관리를 계속하다 보면, 분명 다양한 요구가 올 것입니다. 그러나 모든 요구를 무한정 들을 수는 없습니다. 그래서 한정된 설정 항목만으로 구성된 인터뷰 시트 등을 미리 작성해 두고, 설정할 범위를 필터링해 두면, 이후의 관리도 쉬워집니다.

▌ 장애 대응

장애 대응에는 크게 사전 대응과 사후 대응이 있습니다.

장애를 예방하기 위한 대응이 사전 대응입니다. 사전 대응에서는 서버의 각종 상태(CPU 사용률이나 메모리 사용률, 통신 상태, 에러 로그 파일 등)를 정기적으로 체크하거나, 제조사가 공개한 취약성(보안 결함) 정보나 버그 정보를 확인합니다. 예를 들어, 급격하게 CPU 사용률이 올라가거나, 이상한 에러 로그가 기록될 때 무언가의 이상이 인식되도록 해 두면, 그 내용을 확인하고 필요에 따라 예방을 실시합니다. 그리고 사용하는 OS나 서버 소프트웨어의 취약성 정보나 버그 정보를 얻는다면, 버전을 업그레이드 합니다.

반면 장애가 발생한 뒤의 대응이 사후 대응입니다. 아무리 성능이 좋은 서버도 결국은 전자 기기입니다. 언젠가는 어딘가에 반드시 고장이 발생합니다. 사후 대응에서는 서버별로 어떤 장애가 발생했는가를 컴퓨터 본체에 있는 LED 램프나 에러 로그 파일 등으로 확인하고, 그에 맞게 적절하게 대응합니다.

서버는 요구사항 정의 → 기본 설계 → 상세 설계 → 구축 → 작동 테스트의 흐름으로 구축됩니다. 시험 테스트 플러스
종료 후, '서비스 인'과 함께 운용 관리 단계에 들어갑니다. 1

서버를 구축했다면, 계속 운용 관리가 이어진다

서버는 구축했다고 끝나는 것이 아니라, 계속 운용 관리해야 합니다. 운용 관리 내용은 주로 '설정 변경'과 '장애 대응' 두 가지입니다.

설정 변경

설정 변경은 사용자의 요구에 맞춰 수행합니다.

설정 변경 예
● 사용자 추가/삭제
● 관리 컴퓨터 추가/삭제
● 운용 정책 변경
● 저장소 용량 할당 확장

사용자의 요구를 무한정 들을 수는 없으므로, 설정할 항목을 어느 정도 필터링해 두면 좋습니다.

장애 대응은 '사전'과 '사후'의 두 종류

사전 대응

시스템이나 사용자, 제조사의 동향을 조사해 장애를 예방합니다.

체크 항목 예
● 취약성 정보
● 버그 정보

체크 항목 예
● CPU 사용률
● 메모리 사용률
● 통신 상태
● 에러 로그 파일

사후 대응

장애가 발생한 뒤에 어디에 어떤 장애가 발생했는가를 조사하고, 신속하게 대응합니다.

조사 항목 예
● 컴퓨터 본체의 LED 램프
● 에러 로그 파일

관련 용어 서버 상태 정보 _ p.188 / 에러 로그 파일 _ p.186 / 원격 관리 _ p.172 / 장애 구분 _ p.182

클라이언트와 서버가 데이터를 전달하는 대전제

서버와 네트워크

서버와 클라이언트 사이의 정보에 대한 가교 역할을 하는 기술이 '네트워크'입니다. 모든 서버는 네트워크를 통해 서비스, 즉 데이터를 제공합니다. 서버는 네트워크에 연결되지 않으면 데이터를 제공할 수 없고, 클라이언트도 네트워크에 연결되지 않으면 데이터를 받을 수 없습니다.

본래 네트워크란

'네트워크'라는 용어는 '무언가와 무언가의 연결' 전반을 의미합니다. 예를 들어, 역과 역을 연결하는 철도 노선, 방송국과 방송국을 연결하는 전송망도 네트워크이며, 회사나 조직 등에서 사람과 사람의 연결도 네트워크입니다. 이 책에서 말하는 '네트워크'는 컴퓨터와 컴퓨터를 연결하는 '컴퓨터 네트워크'를 나타냅니다. 철도 노선이라는 네트워크가 승객을 전차에 태워 옮기듯, 전송망이라는 네트워크가 정보를 전파에 실어 나르듯, 컴퓨터 네트워크는 데이터를 케이블(무선 LAN에서는 전파)에 실어 나릅니다.

컴퓨터 네트워크란

조금 더 세부적으로 컴퓨터 네트워크에는 구체적으로 어떤 것들이 있는지 살펴봅니다. 최근 자주 듣는 용어는 '인터넷'일 것입니다. 인터넷이라는 용어의 기원은 '인터네트워크(Internetwork)'이며, 전 세계에 산재한 네트워크를 연결한 거대한 컴퓨터 네트워크를 의미합니다. 또한 'LAN'이라는 용어도 많이 들었을 것입니다. 가전제품 판매점에 가면 LAN 케이블이나 LAN 스위치가 진열되어 있을 것입니다. LAN은 'Local Area Network'의 약자로, 기업이나 조직, 가정 등 일정 범위에 존재하는 컴퓨터를 연결한 컴퓨터 네트워크를 의미합니다. LAN 케이블은 LAN에 연결하기 위한 케이블이며, LAN 스위치는 LAN을 구축하기 위한 네트워크 기기입니다.

그림과 작동 원리로 쉽게 이해하는 서버의 기초

LAN의 대칭어는 'WAN(Wide Area Notwork)'입니다. WAN은 LAN과 LAN을 연결한 네트워크입니다. 인터넷도 WAN의 일종입니다.

플러스
1

● 서버는 네트워크를 통해 서비스를 제공한다

클라이언트와 서버 사이에는 네트워크가 있습니다. 네트워크를 통해 데이터를 전달합니다.

클라이언트   서버

유선 네트워크일 때는 케이블을 통해 데이터를 전달

클라이언트   서버

무선 네트워크일 때는 전파를 통해 데이터를 전달

클라이언트와 서버는 물리적인 거리가 가까운 것은 물론 먼 것이 있습니다. 하지만 반드시 네트워크로 연결되어 있습니다.

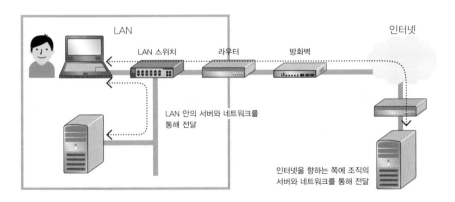

LAN   인터넷

LAN 스위치   라우터   방화벽

LAN 안의 서버와 네트워크를
통해 전달

인터넷을 향하는 쪽에 조직의
서버와 네트워크를 통해 전달

네트워크의 기본 지식에 관해 다음 장에서 설명합니다.

관련
용어 라우터 _ p.42 / 방화벽 _ p.154 / 스위치 _ p.36 / 이더넷 _ p.34

1_ 서버란

직접 만져봐야만 알 수 있는 인프라 세계

서버 마스터가 되는 지름길은 '실제로 설치해서 만져보는 것'입니다. 그리고 여기에서 말하는 '만지다'라는 것은 서버 본체를 손으로 쓰다듬으라는 것이 아니라, '설정하다'라는 의미입니다(인프라 세계에서는 자주 사용되는 표현입니다).

일부러 설치하고 설정까지 해보는 것이 지름길이라는 말에 동의하기 어려울지도 모르겠습니다. 하지만 이는 어떤 영역에서든 마찬가지일 것입니다. 결국 '급할수록 돌아가야' 합니다. 물론 이론이 중요한 것은 말할 필요가 없습니다. 하지만 실천이 따르지 않는 이론은 반드시 어디선가 구멍이 납니다. 일본의 인프라 업계는 IT 대형화가 진행되어 책상에서의 논의만 할 뿐, 세세한 설정 부분은 협력 회사에 맞기는 풍조가 있습니다. 하지만 매일처럼 시스템 장애 소식을 접한다는 것은 이론만으로는 설명할 수 없는 무언가가 있는 것입니다. 그 무언가를 없애기 위해서는 설치하고, 설정해볼 수밖에 없습니다. 그리고 만든 시스템에 문제가 발생했을 때, 용기를 북돋워주는 것은 '그 시스템을 수없이 만져봤다'라는 사실뿐입니다. 먼저 설치해 보고, 실제로 설정해 봅시다.

물론 자신의 PC에 서버 소프트웨어를 설치하고, 서버로 만든다는 것은 '어쨌든 불안…'하다고 느낄 수도 있습니다. 그때는 'VMWare Player', 'VirtualBox' 같은 무료 가상화 소프트웨어를 사용합시다. 가상화 소프트웨어를 사용하면 여러분의 PC 안에 완전히 다른 컴퓨터(가상 머신)를 작동시킬 수 있으며, 거기에 서버 소프트웨어를 설치할 수 있습니다. 또한 설령 이상한 설정을 했다 하더라도 가상 머신을 일단 삭제하고 다시 만들면 간단하게 수정할 수 있습니다. 잘 활용해서 실제로 서버를 만져 봅시다.

2

네트워크 기초 지식

서버는 네트워크를 통해 클라이언트에 서비스를 제공합니다. 네트워크가 없다면 서버는 그 역할을 달성할 수 없습니다. 이번 장에서는 서버를 지탱하는 네트워크 기초 지식에 관해 설명합니다.

01 네트워크 기술을 이해하자

1-07절에서 설명한 것처럼 모든 서버는 네트워크를 사용해서 데이터를 제공(전송)합니다. 이번 장에서는 서버가 클라이언트에 어떻게 데이터를 전송하는지 자세하게 설명합니다.

▤ 서버에서는 무선 LAN은 사용하지 않는다

일반적으로 말하는 LAN은 케이블을 사용해서 데이터를 전송하는 유선 LAN과 전파를 사용해서 데이터를 전송하는 무선 LAN으로 크게 나뉩니다. 이 중에서 서버를 연결할 때는 유선 LAN이 기본입니다. 아무리 무선 LAN의 속도가 빨라진다 하더라도 속도는 물론 품질 측면에서도 유선 LAN에는 비할 바가 못됩니다. 무선 LAN은 어디까지나 클라이언트 측에서만 사용합니다. 이번 장에서는 서버에서 사용하는 유선 LAN만을 전제로 살펴봅니다.

▤ 하위 레이어부터 차례로 이해하는 것이 쉽다

이번 장에서는 컴퓨터가 네트워크에 연결할 때 필요한 통신 기능을 계층적으로 분류한 OSI 참조 모델을 기반으로 설명합니다. OSI 참조 모델은 물리적인 기능을 정의하는 물리층부터, 애플리케이션 기능을 제공하는 애플리케이션층까지 총 7개의 레이어(계층)로 구성됩니다. 이 책에서는 아래쪽 레이어에서 위쪽 레이어 방향으로 서버를 이해하기 위해 특히 필요한 트랜스포트층까지를 순서대로 설명합니다. 그리고 각 레이어의 해설은 '기술'과 '기기/기능'의 두 부분으로 구성되어 있습니다. 먼저 기술 부분에서 해당 레이어의 포인트가 되는 기술적인 요소나 대표적인 프로토콜(통신할 때의 약속)에 관해 설명합니다. 다음으로 기기/기능 부분에서는 해당 레이어에서 작동하는 네트워크 기기나 대표적인 기능에 관해 설명합니다. 예를 들어, 네트워크층의 경우, 먼저 기술 부분에서는 네트워크층의 대표적인 프로토콜인 IP와 ARP, 기술적인 요소로서는 IP 주소에 관해 설명합니다. 이어서 기기/기능 부분에서는 네트워크층에서 작동하는 네트워크 기기인 '라우터'와 그 핵심을 담당하는 기능인 라우팅에 관해 설명합니다.

OSI 참조 모델과 함께 설명되는 경우가 많은 모델이 TCP/IP 모델입니다. TCP/IP 모델은 OSI 참조 모델보다 단순하고 실용적인 모델입니다.　플러스
1

● 네트워크에서 사용되는 기술과 기기들의 포인트

네트워크에는 다양한 기술과 기기가 있습니다. 먼저 서버와 클라이언트의 데이터 전달을 이해한
뒤 필요한 것부터 살펴봅니다.

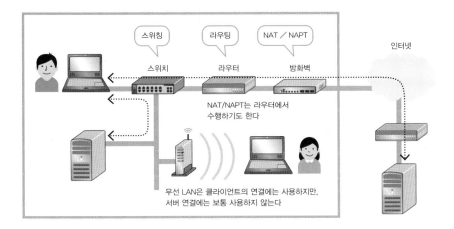

이번 장에서는 OSI 참조 모델(2-03절에서 설명)의 아래쪽 레이어부터 순서대로 포인트가 되는
기술과 기기에 관해 설명합니다.

레이어	통신 기능	기술 부분		기기/기능 부분	
		관련 절	기술	관련 절	기술
애플리케이션층 (레이어-7, L7)	사용자에게 애플리케이션을 제공한다				
프레젠테이션층 (레이어-6, L6)	애플리케이션 데이터를 통신할 수 있는 방식으로 변환한다				
세션층 (레이어-5, L5)	논리적인 통신로(세션)를 관리한다				
트랜스포트층 (레이어-4, L4)	애플리케이션 식별과 통신 제어를 수행한다	2-10 2-11	TCP / UDP 포트 번호	2-12	NAT / NAPT*
네트워크층 (레이어-3, L3)	다른 네트워크에 있는 컴퓨터와의 연결을 확보한다	2-06 2-07 2-09	IP IP 주소 ARP	2-08	라우터, 라우팅
데이터링크층 (레이어-2, L2)	같은 네트워크에 있는 컴퓨터와의 연결을 확보한다	2-04	인터넷 MAC 주소	2-05	스위치, 스위칭
물리층 (레이어-1, L1)	디지털 데이터를 전기 신호나 광신호, 전파로 변환한다				

* 방화벽에 관해서는 이 책의 흐름을 고려해 7장에서 다룹니다.

관련 라우터 _ p.42 / 방화벽 _ p.154 / 스위치 _ p.36 / 프로토콜 _ p.30 / ARP _ p.44 /
용어 IP 주소 _ p.38 / IP _ p.38 / OSI 참조 모델 _ p.32

02 프로토콜이란

▌ 프로토콜 = 통신할 때의 약속

한마디로 '통신한다'라고 간단히 말해도 모두가 제멋대로 데이터를 네트워크에 보낸다고 해서 전달될 리가 없습니다. 애초에 상대에게 데이터가 도달했는지도 알 수 없고, 도달했다 해도 상대가 이해할 수 있는지 알 수 없습니다. 그래서 네트워크의 세계에서는 통신할 때의 약속이 존재합니다. 이 약속을 '프로토콜(통신 프로토콜)'이라 부릅니다. 이 프로토콜이 통신에 필요한 기능별로 확실하게 정비되어 있기 때문에 설령 PC 제조사, OS, 연결 방식(유/무선)이 다르더라도 신경 쓰지 않고 동일하게 통신할 수 있습니다. 여러분도 웹사이트를 볼 때 'https://www.google.com/'과 같이 URL을 입력하지 않습니까? 이 중에서 가장 먼저 입력하는 'https'가 프로토콜에 해당합니다. HTTPS는 'HyperText Transfer Protocol Secure'의 약어로 웹서버와 웹브라우저 사이에서 안전하게 데이터를 전달할 때 사용하는 통신 약속, 즉 프로토콜입니다. 웹브라우저는 URL 맨 앞에 'https'라는 문자열을 붙임으로써 'HTTPS로 결정된 약속을 따라 데이터를 전송합니다'고 선언합니다.

▌ 프로토콜에 결정되어 있는 것

네트워크에 연결된 컴퓨터는 보낼 데이터를 그 상태 그대로 한 덩이로 던지는 것이 아니라 '패킷'이라 불리는 작은 단위로 나누어서 보냅니다. 프로토콜에서는 이 패킷을 확실하게 통신 상태에게 보내기 위해 필요한 다양한 기능들을 정의합니다. 예를 들어, 누군가에게 택배를 보낼 때는 화물표가 필요합니다. 그것과 마찬가지로 패킷에도 '헤더'라는 이름의 화물표를 붙입니다. 헤더에는 통신 상대가 되는 컴퓨터의 정보, 데이터 전체 중 패킷의 순서 등 다양한 정보가 포함됩니다. 프로토콜에서는 어떻게 통신 상대나 패킷의 순서를 표현하는지 정의합니다.

● 프로토콜 = 통신할 때의 약속

네트워크에서 통신하는 컴퓨터는 모두 프로토콜이라는 약속을 지키며 데이터를 보냅니다. 프로토콜이 정비되어 있기 때문에, 다양한 컴퓨터들이 통신할 수 있습니다.

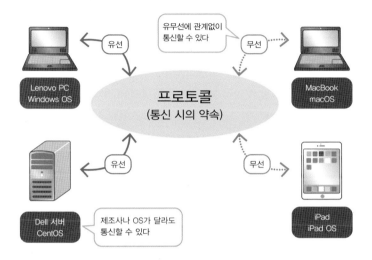

● 패킷으로 나눠서 보낸다

데이터는 그 상태 그대로 보내는 것이 아니라 패킷이라 불리는 작은 단위로 나누어서 보냅니다. 프로토콜에는 패킷이 잘못되지 않고 통신 상대에게 보내기 위해 필요한 기능들이 정의되어 있습니다.

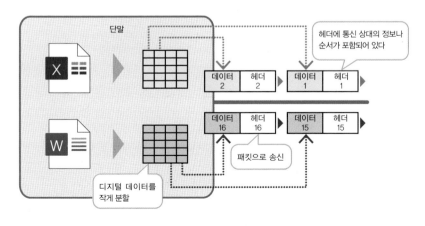

관련 용어   이더넷 _ p.34 / ARP _ p.44 / HTTP _ p.116 / HTTPS _ p.118 / IP _ p.38 / TCP _ p.46 / UDP _ p.46

2 _ 네트워크 기초 지식

OSI 참조 모델

네트워크에는 수많은 프로토콜이 존재합니다. 사용자가 인터넷을 할 때 컴퓨터가 사용하는 프로토콜은 이더넷, Wi-Fi, IP, TCP, UDP, 애플리케이션 프로토콜(HTTP, HTTPS, QUIC, DNS) 여섯 가지 정도입니다. 이들을 OSI 참조 모델이라 불리는 개념에 대입해 생각해보면, 네트워크에 대한 이해를 높일 수 있을 것입니다.

■ OSI 참조 모델

OSI 참조 모델은 통신 기능의 역할을 계층적으로 분류한 개념입니다. 아래부터 차례로 물리층^{Physical Layer}, 데이터링크층^{Datalink Layer}, 네트워크층^{Network Layer}, 트랜스포트층^{Transport Layer}, 세션층^{Session Layer}, 프레젠테이션층^{Presentation Layer}, 애플리케이션층^{Application Layer}의 7개 층(Layer)으로 구성되어 있습니다. 각층의 역할은 서로 다르며 별도로 작동합니다. 이렇게 분류해서 인접한 층의 작동이 서로 영향을 주지 않게 함으로써, 결과적으로 층별로 문제 해결을 할 수 있게 됩니다.

앞에서의 프로토콜을 OSI 참조 모델에 대입해 봅니다. 이더넷과 Wi-Fi는 물리층부터 데이터링크층까지의 프로토콜입니다. IP는 네트워크층, TCP와 UDP는 트랜스포트층의 프로토콜입니다. 애플리케이션 프로토콜은 세션층부터 애플리케이션층의 프로토콜입니다.

■ 송신은 위부터 아래로, 수신은 아래부터 위로

실제 통신할 때는 NIC^{Network Interface Card, 네트워크 어댑터}라는 장치 드라이버나 OS, 애플리케이션이 각층에서 사용하는 프로토콜을 선택해 처리합니다. 이 처리들은 기본적으로 자동으로 수행되므로, 사용자가 의식하는 경우는 없습니다.

데이터를 송신하는 컴퓨터는 위쪽 층부터 아래쪽 층으로 각 프로토콜들에 기반해 데이터를 처리하면서 네트워크로 흘려 보냅니다. 그 데이터를 받은 컴퓨터는 송신과 반대로, 아래쪽 층부터 위쪽 층으로 송신 소스의 컴퓨터와 같은 층의 프로토콜에 기반해 데이터를 처리하고 마지막으로 원래 데이터로 되돌립니다.

OSI 참조 모델로 프로토콜을 깔끔하게 정리

프로토콜은 OSI 참조 모델이라는 계층적 모델로 분류할 수 있습니다.

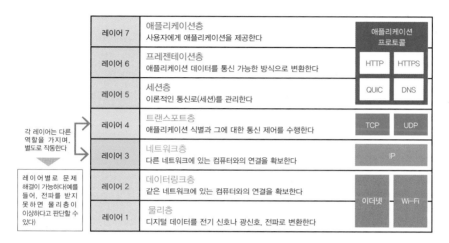

송신 측과 수신 측의 컴퓨터에서 계층별로 데이터를 처리한다

송신할 때는 레이어의 위쪽부터 아래쪽을 향해 데이터를 처리합니다. 반대로 수신할 때는 레이어의 아래쪽부터 위쪽을 향해 데이터를 처리합니다. 사용하는 프로토콜은 애플리케이션이나 OS, NIC 장치 드라이버가 자동으로 선택합니다.

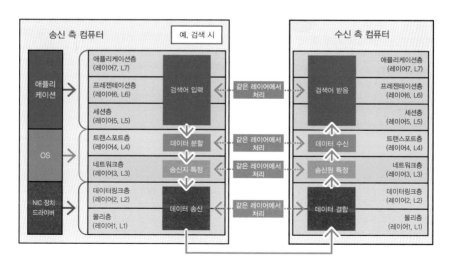

관련 이더넷 _ p.34 / 프로토콜 _ p.30 / DNS _ p.84 / HTTP _ p.116 / HTTPS _ p.118 /
용어 IP _ p.38 / TCP _ p.46 / UDP _ p.46

이더넷과 MAC 주소

이더넷에서 프레임을 만든다

물리층과 데이터링크층에서 반드시 필요한 규격이 이더넷입니다. 유선 네트워크가 있다면 거의 틀림없이 이더넷을 사용하고 있다고 생각해도 좋습니다. 이더넷은 네트워크층에서 받은 데이터(IP 패킷)에 프레임의 처음 위치를 나타내는 프리앰블^{Preamble}, 수신지나 송신원을 나타내는 이더넷 헤더, 전송 에러 체크에 사용하는 FCS$^{Frame\ Check\ Sequence}$를 추가함으로써 이더넷 프레임$^{Ethernet\ Frame}$을 만듭니다. 그리고 LAN 케이블에 흐르는 전파 신호, 광케이블에 흐르는 광신호로 변환해 케이블로 보냅니다.

MAC 주소로 컴퓨터를 식별합니다

이더넷에서는 NIC에 자동으로 할당되는 MAC 주소$^{MAC\ Address}$라는 식별 번호를 사용해서 컴퓨터를 식별합니다. MAC 주소는 'a8:66:7f:04:00:80' 또는 '00-50-56-c0-00-01'과 같이 48비트를 8비트씩 하이픈이나 콜론으로 구분한 16진수로 표기합니다. MAC 주소는 상위 24비트와 하위 24비트가 다른 의미를 갖습니다. 상위 24비트는 미국 전기 전자 기술자 협회(IEEE)가 기기 벤더(판매 회사)별로 할당한 벤더 코드입니다. 이것은 'OUI$^{Organizationally\ Unique\ Identifier}$'라 불립니다. 이 부분을 보면 컴퓨터의 벤더를 알 수 있습니다. 또한 하위 24비트는 벤더 안에서 기기별로 유일하게 할당하는 코드입니다. MAC 주소는 IEEE에 의해 고유하게 관리되는 상위 24비트와, 각 벤더에 의해 고유하게 관리되는 하위 24비트를 조합해 정의합니다. 그렇기 때문에 각 NIC에 할당되어 있는 MAC 주소는 전 세계에 단 하나만 존재합니다.

컴퓨터가 데이터를 송신할 때는 자신의 MAC 주소를 송신원 MAC 주소, 데이터를 보낼 상대의 MAC 주소를 수신지 MAC 주소로 헤더에 넣어서 프레임으로 만듭니다.

● 이더넷은 물리층과 데이터링크층을 모은 규격

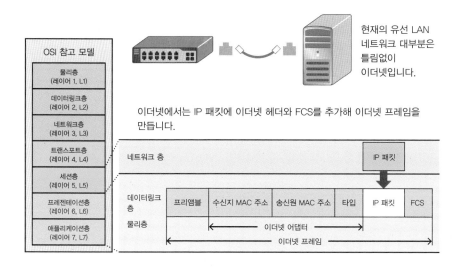

현재의 유선 LAN 네트워크 대부분은 틀림없이 이더넷입니다.

이더넷에서는 IP 패킷에 이더넷 헤더와 FCS를 추가해 이더넷 프레임을 만듭니다.

OSI 참고 모델
물리층 (레이어 1, L1)
데이터링크층 (레이어 2, L2)
네트워크층 (레이어 3, L3)
트랜스포트층 (레이어 4, L4)
세션층 (레이어 5, L5)
프레젠테이션층 (레이어 6, L6)
애플리케이션층 (레이어 7, L7)

네트워크 층 — IP 패킷

데이터링크 층 물리층	프리앰블	수신지 MAC 주소	송신원 MAC 주소	타입	IP 패킷	FCS

◄── 이더넷 어댑터 ──►

◄────── 이더넷 프레임 ──────►

● 이더넷에서는 MAC 주소를 사용해 통신 상대를 식별한다

MAC 주소 예

a8:66:7f:04:00:80

벤더 코드(OUI)

IEEE에 의해 네트워크 기기 벤더별로 할당되어 있습니다.

벤더 내 코드

각 벤더 내부에서 네트워크 기기별로 할당되어 있습니다.

이 조합에 맞춰 각 MAC 주소들은 전 세계에서 단 하나만 존재합니다.

네트워크 기기나 PC의 NIC에는 벤더에 따라 각각 다른 MAC 주소가 할당되어 있습니다.

2 _ 네트워크 기초 지식

관련 용어　헤더 _ p.30 ／ IP 패킷 _ p.38 ／ NIC _ p.70 ／ OSI 참조 모델 _ p.32

05 스위칭

▌ 이더넷 네트워크는 스위치를 중심으로 만든다

이더넷은 스위치라 불리는 네트워크 기기를 중심으로 컴퓨터를 배치하는 '별형 토폴로지'라는 연결 형태를 채용합니다. 큰 가전제품 판매점이나 회사의 책상 위 등에서 많은 LAN 인터페이스를 가진 네트워크 기기를 본적이 있습니까? 그것이 스위치입니다. 유선 네트워크인 경우 컴퓨터는 LAN 케이블이나 광케이블을 경유해서 스위치에 연결되어 있다고 생각하면 좋습니다.

▌ MAC 주소 테이블을 사용해서 스위칭

스위치는 이더넷 프레임이 들어간 인터페이스 번호와 그 프레임의 송신원 MAC 주소를 테이블(대응표)로 일정 시간동안 기억함으로써, 불필요한 프레임의 전송을 피하고 이더넷 네트워크에서의 통신 효율의 향상을 도모합니다. 스위치가 수행하는 프레임 전송을 '스위칭', '스위치가 스위칭에서 사용하는 인터페이스 번호와 송신원 MAC 주소의 테이블을 'MAC 주소 테이블'이라 부릅니다. 스위치는 다음 순서로 MAC 주소 테이블을 만들고, 필요한 인터페이스에만 이더넷 프레임을 전송하도록 합니다.

① 이더넷 프레임을 받으면, 그 송신원 MAC 주소와 받은 인터페이스 번호를 MAC 주소 테이블에 기록합니다.

② 수신지 MAC 주소가 MAC 주소 테이블에 기재되어 있다면, 그것을 기반으로 전송합니다. 테이블에 기재되어 있지 않다면 받은 인터페이스 번호의 인터페이스에 프레임 사본을 송신합니다. 해당하는 컴퓨터만 프레임을 받고, 그 외의 컴퓨터는 프레임을 파기합니다.

③ 이후 이더넷 프레임을 받을 때마다 MAC 주소 테이블을 업데이트합니다. 사용하지 않게 된 정보는 일정 시간이 지나면 삭제합니다.

아마존 웹 서비스AWS: Amazon Web Services나 마이크로소프트 애저Microsoft Azure 등의 클라우드 서비스에서 기동한 컴퓨터 **플러스** 는 스위치에 연결할 때까지의 처리가 자동적으로 수행합니다. IT 관리자가 신경 쓰지 않아도 됩니다. **1**

● 이더넷에서는 스위치를 중심으로 컴퓨터를 연결한다

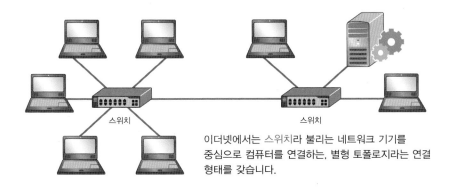

스위치   스위치

이더넷에서는 스위치라 불리는 네트워크 기기를
중심으로 컴퓨터를 연결하는, 별형 토폴로지라는 연결
형태를 갖습니다.

● LAN 케이블 또는 광케이블로 연결한다

케이블 종류	재질	대응 거리	통신 품질	취급 난이도	비용
LAN 케이블	구리	짧다	낮다	다루기 쉽다	저렴하다
광케이블	유리	길다	높다	다루기 어렵다	비싸다

● 스위치는 MAC 주소 테이블을 사용해 프레임을 전송한다

MAC 주소 테이블	
MAC 주소	인터페이스 번호
A	1
B	2
C	3
D	4

스위치는 인터넷 프레임을 받으면 프레임이 들어있는
인터페이스 번호와 송신원 MAC 주소 정보를 MAC 주소
테이블에 기록합니다. 사용되지 않고 일정 시간이 지나면
삭제합니다.

② MAC 주소 D가 등록되어 있으면
4번 인터페이스에만 송신. 등록되어
있지 않으면 모든 인터페이스에
프레임 사본을 송신

① MAC주소가 D인 컴퓨터에 이더넷
프레임을 송신

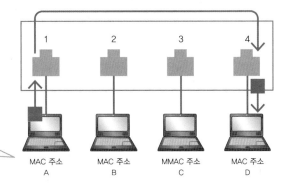

MAC 주소   MAC 주소   MMAC 주소   MAC 주소
A   B   C   D

관련
용어
이더넷 _ p.34 / 이더넷 프레임 _ p.34 / MAC 주소 _ p.34

2 _ 네트워크 기초 지식

06 IP와 IP 주소

네트워크 층에서 가장 중요한 프로토콜이 IP^{Internet Protocol}입니다. 현재의 네트워크는 대부분 틀림없이 IP를 사용합니다.

IP는 트랜스포트층에서 받은 데이터(TCP 세그먼트, UDP 데이터그램)에 **IP 헤더**를 붙여서 **IP 패킷**을 만듭니다. IP 헤더는 IP 패킷 수신지를 나타내는 택배 전표와 같은 것입니다. IP 패킷은 바닷속 깊은 곳부터 산속에 이르는 전 세계의 다양한 네트워크를 경유합니다. IP 헤더는 그런 환경의 차이를 버틸 수 있도록 다양한 필드로 구성되어 있습니다.

■ IP 주소로 컴퓨터를 식별한다

IP에서는 OS에서 설정한 **IP 주소**라는 식별 번호를 사용해 컴퓨터를 식별합니다. IP 주소는 '192.168.1.1', '172.16.25.254' 같이 32비트를 8비트씩 나누어 10진수로 표기합니다. 점(.)으로 구분한 그룹을 '**옥텟**^{octet}'이라 부르며, 앞쪽부터 '제1옥텟', '제2옥텟' … 등으로 부릅니다.

IP 주소는 그 자체로 사용하는 것이 아니라 **서브넷 마스크**^{subnet mask}라 불리는 32비트 값과 세트로 사용합니다. IP 주소는 서브넷 마스크로 나눈 '**네트워크 부분**'과 '**호스트 부분**'의 두 부분으로 구성됩니다. 네트워크 부분은 네트워크 자체를 나타냅니다. 그리고 호스트 부분은 해당 네트워크에 연결되어 이는 컴퓨터 자체를 나타냅니다. 서브넷 마스크는 이 두 가지를 구분하는 표식 같은 것으로, '**1**'은 네트워크 부분을 나타내고 '**0**'은 호스트 부분을 나타냅니다.

서브넷 마스크 표기 방법에는 '**10진수 표기**'와 '**CIDR 표기**'의 두 종류가 있습니다. 10진수 표기는 IP 주소와 같이 32비트를 8비트씩 점으로 구분한 뒤 10진수로 표기합니다. CIDR 표기는 IP 주소 뒤에 슬래시와 서브넷 마스크의 '1' 개수를 부여해서 표기합니다. 예를 들어, '172.16.1.1'이라는 IP 주소에 '255.255.0.0'이라는 서브넷 마스크가 설정됐다면 '172.16.1.1/16'라고 표기할 수 있으며, '172.16'이라는 네트워크의 '1.1'이라는 컴퓨터임을 알 수 있습니다.

IP에는 'IPv4'와 'IPv6'라는 두 가지 버전이 있습니다. 이 책은 입문서이므로 IPv4에 관해서만 다룹니다. IPv6 에 관한 학습은 IPv4를 이해한 뒤에도 늦지 않습니다.

그림과 자동 엔리로 쉽게 이해하는 서버의 기초

● IP로 전 세계의 컴퓨터에 IP 패킷을 전달할 수 있다

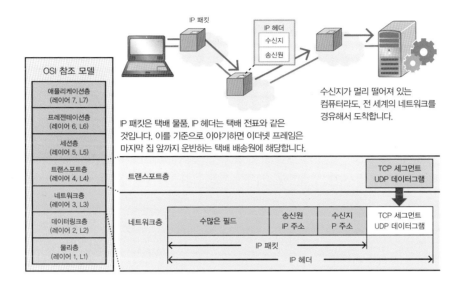

수신지가 멀리 떨어져 있는 컴퓨터라도, 전 세계의 네트워크를 경유해서 도착합니다.

IP 패킷은 택배 물품, IP 헤더는 택배 전표와 같은 것입니다. 이를 기준으로 이야기하면 이더넷 프레임은 마지막 집 앞까지 운반하는 택배 배송원에 해당합니다.

● IP는 통신할 상대를 식별할 때 IP 주소를 사용한다

IP 주소 10진 표기	172. 16. 1 . 1			
IP 주소 2진 표기	10101100	00010000	00000001	00000001
	← 네트워크부 →		← 호스트부 →	
서브넷 마스크 2진 표기	11111111	11111111	00000000	00000000
서브넷 마스트 10진 표기	255.255. 0 . 0			

- IP 주소는 서브넷 마스크와 세트로 사용한다.
- 서브넷 마스크기 '1'인 부분이 네트워크 주소, '0'인 부분이 호스트 주소가 된다.
- 위 예에서는 서브넷 마스크 '1'이 16개이므로 IP 주소와 합쳐 172.16.1.1/16이라 표기하는 방법도 있습니다(CIDR 표기).

172.16의 네트워크

1.1의 컴퓨터   1.2의 컴퓨터

관련 용어 패킷 _ p.30 / 헤더 _ p.30 / OSI 참조 모델 _ p.32 / TCP 세그먼트 _ p.46 / UDP 데이터그램 _ p.46

다양한 IP 주소

IP 주소는 0.0.0.0부터 255.255.255.255까지 2의 32제곱(약 43억) 개 존재합니다. 하지만 '어느 것이든 마음대로 사용해도 되는가'라고 묻는다면, 그렇지는 않습니다. 용도와 사용 장소에 따라 어디부터 어디까지, 어떻게 사용해야 하는지 정해져 있습니다. 이에 관해 설명합니다.

▧ 용도에 따른 분류

IP 주소는 용도에 따라 클래스 A부터 클래스 E까지 다섯 개의 주소 클래스로 나눌 수 있습니다. 그중에서 일반적으로 클래스 A부터 클래스 C까지 사용합니다. 컴퓨터에 설정하고 1:1 통신(유니캐스트)에서 사용합니다. 이 3개 클래스는 간단하게 말하자면 네트워크 규모의 차이를 나타냅니다. 클래스 A → 클래스 B → 클래스 C 순으로 그 규모가 작아집니다. 클래스 D와 클래스 E는 특수한 용도로 사용하며, 일반적으로는 사용하지 않습니다. 주소 클래스 IP 주소의 32비트 중, 앞쪽의 1~4비트로 분류합니다. 앞쪽의 4비트에 따라 사용할 수 있는 IP 주소의 범위도 결정됩니다.

▧ 사용 장소에 따른 분류

IP 주소는 사용 장소에 따라 공인 IP 주소[global IP address]와 사설 IP 주소[private IP address]의 두 가지로 나눌 수 있습니다.

공인 IP 주소는 인터넷에서 유일한(달리 같은 것이 없는, 개별적인) IP 주소입니다. ICANN[Internet Corporation for Assigned Names and Numbers]라는 민간 비영리 법인과 그 하부 조직에 의해 계층적으로 관리 및 할당되며, 자유롭게 할당할 수 없습니다.

사설 IP 주소는 조직이나 가정 등의 LAN에서 자유롭게 할당할 수 있는 IP 주소입니다. 클래스 A라면 10.0.0.0~10.255.255.255, 클래스 B라면 172.16.0.0~172.31.255.255, 클래스 C라면 192.168.0.0~192.168.255.255와 같이 주소 클래스별로 범위가 정해져 있습니다.

IP 주소에는 호스트부가 모두 '0'인 '네트워크 주소'와, 호스트부가 모두 '1'인 '브로드캐스트 주소' 등, 컴퓨터에 설정할 수 없는 것도 있습니다.

플러스
1

● IP 주소는 용도와 장소에 따라 분류된다

IP 주소는 0.0.0.0~255.255.255.255까지 사용할 수 있으며, 용도와 사용 장소에 따라 분류됩니다.

용도에 따른 분류

클래스	앞쪽 4비트	주소 범위	
클래스 A	0XXX	0.0.0.0~127.255.255.255	컴퓨터에 설정하는 것은
클래스 B	10XX	128.0.0.0~191.255.255.255	클래스 A ~ 클래스 C 범위
클래스 C	110X	192.0.0.0~223.255.255.255	
클래스 D	1110	224.0.0.0~239.255.255.255	클래스 D, 클래스 E는 특수한
클래스 E	1111	240.0.0.0~255.255.255.255	용도로 사용

클래스 A 통신 사업자 등 > **클래스 B** 대기업 등 > **클래스 C** 중소 기업이나 가정 등

클래스 B → 클래스 C 순으로 네트워크의 규모가 작아진다

사용 장소에 따른 분류

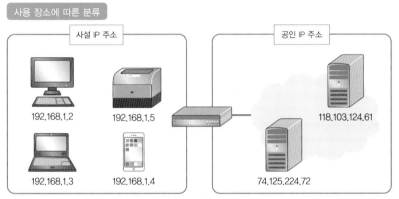

사설 IP 주소

192.168.1.2   192.168.1.5
192.168.1.3   192.168.1.4

공인 IP 주소

118.103.124.61
74.125.224.72

기업이나 가정 등에서 자유롭게 사용해도 되는 주소. 해당 범위에서 중복되지 않도록 한다

인터넷상에서 유일한 주소. ICANN과 그 하부 조직이 관리 및 할당한다. 마음대로 사용할 수 없다.

사설 IP 주소는 클래스별로 정해진 범위에서 사용할 수 있습니다.

클래스	주소 범위	서브넷 마스크
클래스 A	10.0.0.0~10.255.255.255	255.0.0.0
클래스 B	172.16.0.0~172.31.255.255	255.240.0.0
클래스 C	192.168.0.0~192.168.255.255	255.255.0.0

관련 용어 공개 서버 _ p.108 / IP _ p.38 / NAT/NAPT _ p.50

2_ 네트워크 기초 지식

08 라우팅

▮ 라우터로 네트워크를 연결한다

이더넷으로 만든 네트워크와 네트워크를 연결할 때 사용하는 네트워크 기기가 라우터입니다. 인터넷에서 웹사이트를 보다가 어느새인가 해외의 웹사이트로 이동한 경험이 있을 것입니다. 인터넷은 많은 라우터가 거미줄 형태로 네트워크를 연결함으로써 만들어집니다. 라우터는 IP 패킷을 버킷 릴레이해서 순식간에 목적지로 도달시킵니다. 이 버킷 릴레이를 라우팅이라 부릅니다. 가장 가까이에 있는 라우터는 가전 판매점에 놓여 있는 Wi-Fi 라우터일 것입니다. Wi-Fi 라우터는 가정의 네트워크와 인터넷이라는 큰 네트워크를 연결합니다.

▮ 라우팅 테이블로 IP 패킷을 전송

라우터는 미리 만들어진 라우팅 테이블을 사용해 IP 패킷의 전달 대상지를 관리합니다. 라우팅 테이블은 '수신 네트워크'와 그 수신 네트워크에 대한 수신지 IP 주소인 '넥스트 홉'으로 구성됩니다. 라우터는 IP 패킷을 받으면, 해당 패킷의 수신지 IP 주소와 라우팅 테이블의 수신지 네트워크를 참조합니다. 수신지 IP 주소가 수신지 네트워크에 맞으면, 넥스트 홉의 IP 주소에 패킷을 전송합니다. 맞지 않으면 파기합니다.

라우팅 테이블은 정적 라우팅과 동적 라우팅이라는 두 종류의 방법으로 만들 수 있습니다. 정적 라우팅은 수동으로 라우팅 테이블을 만드는 방법입니다. 수신지 네트워크와 넥스트 홉을 일일이 설정합니다. 설정과 관리가 쉬우므로 소규모 네트워크 환경에서 자주 사용됩니다. 한편 동적 라우팅은 근처에 있는 라우터 사이에서 경로 정보를 교환하면서 자동으로 라우팅 테이블을 만드는 방법입니다. 경로 정보를 교환하기 위한 프로토콜을 라우팅 프로토콜이라 부릅니다. 네트워크 환경의 변화에 대응하기 쉬우므로, 중간 규모에서 대규모의 네트워크 환경에서 자주 사용됩니다.

그림과 자동 원리로 쉽게 이해하는 서버의 기초

라우터 이외에 라우팅의 특화된 네트워크 기기가 'L3(레이어 3) 스위치'입니다. L3 스위치는 패킷 전송을 하드웨어로 수행함으로써 고속 처리를 도모합니다. **플러스 1**

● 인터넷은 라우터의 집합

인터넷에서는 많은 라우터가 거미줄처럼 연결되어, IP 패킷을 라우팅합니다.

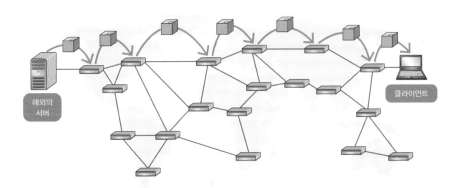

● 라우터의 작동

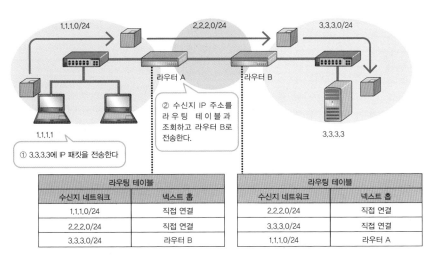

라우팅 테이블	
수신지 네트워크	넥스트 홉
1.1.1.0/24	직접 연결
2.2.2.0/24	직접 연결
3.3.3.0/24	라우터 B

라우팅 테이블	
수신지 네트워크	넥스트 홉
2.2.2.0/24	직접 연결
3.3.3.0/24	직접 연결
1.1.1.0/24	라우터 A

라우터에는 미리 라우팅 테이블을 만들어 두어야 합니다. 라우팅 테이블을 만드는 방법에는
수동으로 설정하는 정적 라우팅, 자동으로 설정되는 동적 라우팅이 있습니다.

관련
용어   프로토콜 _ p.30 / IP 주소 _ p.38 / IP 패킷 _ p.38

2 _ 네트워크 기초 지식

수신지의 MAC 주소를 알기 위한 구조

ARP

MAC 주소는 컴퓨터의 NIC에 자동으로 할당되는 물리적 주소입니다. 그에 비해 IP 주소는 OS에서 설정하는 논리적인 주소입니다. 두 가지 주소는 별도로 사용되는 것이 아니라, 함께 사용되어야 합니다. 이 두 가지 주소를 함께 사용할 수 있도록 물리/논리의 가교 역할을 하는 것이 ARP^{Address Resolution Protocol}입니다.

물리와 논리의 가교라는 용어가 다소 어렵게 들릴 수 있지만, 실제로 하는 작업은 IP 주소와 MAC 주소를 묶는 것뿐입니다. 컴퓨터는 네트워크층으로부터 받은 IP 패킷을 이더넷 프레임으로 만들어서 케이블로 흘려 보내야 합니다. 하지만 IP 패킷을 받기만 해서는 이더넷 프레임을 만들기 위한 정보가 부족합니다. 송신원 MAC 주소는 자신의 NIC에 할당되어 있는 MAC 주소로 알 수 있지만, 수신지 MAC 주소는 알 수 없습니다. 그래서 ARP를 사용해서 IP 주소로부터 MAC 주소를 구합니다.

▋ ARP의 처리 흐름

데이터를 송신하는 컴퓨터가 네트워크층으로부터 IP 패킷을 받으면, 패킷의 수신지 IP 주소를 봅니다. 그것이 같은 네트워크에 있는 컴퓨터의 것이라면 해당 IP 주소를 ARP에 문의 (ARP 요청)하고, 그 응답 결과(ARP 응답)를 'ARP 테이블'이라 불리는 메모리상의 테이블에 등록하고, 그 정보를 기반으로 이더넷 프레임을 만듭니다. 그리고 다른 네트워크의 컴퓨터의 것이라면 기본 게이트웨이의 MAC 주소를 ARP에 문의하고, 같은 처리를 수행합니다. 기본 게이트웨이란 자신 이외의 네트워크로 갈 때 사용하는 출구의 IP 주소입니다. 방화벽이나 라우터의 IP 주소가 기본 게이트웨이가 되는 경우가 많습니다. 자신이 알지 못하는 네트워크의 수신지 IP 주소를 가진 IP 패킷이라면, 우선 기본 게이트웨이의 MAC 주소로 송신하게 됩니다.

그림과 자동 원리로 쉽게 이해하는 서버의 기초

같은 네트워크에 있는 모든 컴퓨터에 대한 통신을 '브로드캐스트'라 부릅니다. ARP 요청은 브로드캐스트로 송신됩니다. **플러스 1**

● MAC 주소와 IP 주소의 차이

MA 주소는 컴퓨터의 NIC에 할당되어 있는 물리적인 주소입니다. IP 주소는 OS에서 설정한 논리적인 주소입니다.

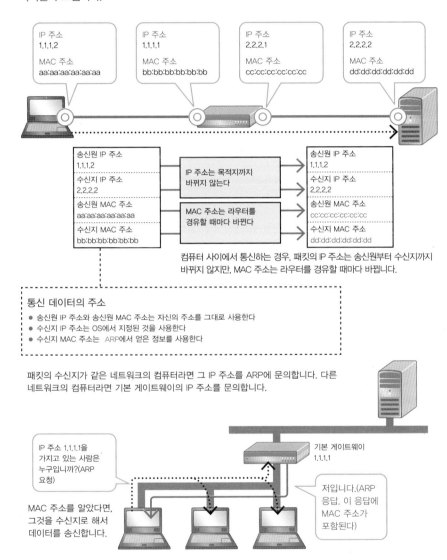

IP 주소는 목적지까지 바뀌지 않는다

MAC 주소는 라우터를 경유할 때마다 바뀐다

컴퓨터 사이에서 통신하는 경우, 패킷의 IP 주소는 송신원부터 수신지까지 바뀌지 않지만, MAC 주소는 라우터를 경유할 때마다 바뀝니다.

통신 데이터의 주소
- 송신원 IP 주소와 송신원 MAC 주소는 자신의 주소를 그대로 사용한다
- 수신지 IP 주소는 OS에서 지정된 것을 사용한다
- 수신지 MAC 주소는 ARP에서 얻은 정보를 사용한다

패킷의 수신지가 같은 네트워크의 컴퓨터라면 그 IP 주소를 ARP에 문의합니다. 다른 네트워크의 컴퓨터라면 기본 게이트웨이의 IP 주소를 문의합니다.

IP 주소 1.1.1.1을 가지고 있는 사람은 누구입니까?(ARP 요청)

기본 게이트웨이
1.1.1.1

MAC 주소를 알았다면, 그것을 수신지로 해서 데이터를 송신합니다.

저입니다.(ARP 응답. 이 응답에 MAC 주소가 포함된다)

TCP와 UDP

트랜스포트층은 통신 제어와 서비스 식별을 수행하는 레이어입니다. 트랜스포트층은 애플리케이션이 요청하는 통신 요건을 '신뢰성'과 '즉시성(실시간성)'의 두 가지로 나누고, 각각에 대한 프로토콜을 제공합니다.

데이터를 중요하게, 확실하게 전달하고자 할 때는 'TCP$^{\text{Transmission Control Protocol}}$'를 사용합니다. TCP는 통신하는 컴퓨터 사이에서 '보냈습니다', '받았습니다'라고 서로 확인하는 메시지를 보내면서 데이터를 전달함으로써 통신 신뢰성을 높입니다. 웹이나 메일, 파일 공유 등 데이터를 빠뜨리고 싶지 않은 서비스는 TCP를 사용합니다. TCP는 상위층으로부터 받은 애플리케이션 데이터에 TCP 헤더를 붙여서 'TCP 세그먼트'로 만듭니다.

그에 비해 데이터의 신뢰성은 다소 떨어뜨리더라도, 아무튼 빠르게 전달하고 싶을 때는 'UDP$^{\text{User Datagram Protocol}}$'를 사용합니다. UDP는 데이터를 계속 보내기만 하기 때문에 신뢰성은 없지만, 확인 응답 절차를 생략함으로써 통신의 즉시성을 높입니다. IP 전화나 동영상 전송, 시각 동기화 등 무엇보다 실시간성이 필요한 서비스는 UDP를 사용합니다. UDP는 상위층으로부터 받은 애플리케이션 데이터에 UDP 헤더를 붙여서 'UDP 다이어그램'을 만듭니다.

▋ 포트 번호로 서비스를 식별한다

TCP와 UDP는 '포트 번호'라는 숫자를 사용해 컴퓨터 안의 어떤 서비스에 데이터를 전달하면 좋을지 식별합니다. 포트 번호는 0~65535까지(16비트만큼)의 숫자로 범위에 따라 용도가 정해져 있습니다.

0~1023은 '기정 포트$^{\text{well-known port}}$'라 부르며, 웹서버나 메일 서버 등 일반적인 서버 소프트웨어가 클라이언트의 서비스 요청을 대기할 때 사용합니다. 1024~49151은 '등록 포트$^{\text{registered port}}$'라 부르며, 주로 메이커 특유의 서버 소프트웨어가 클라이언트의 요청을 대기할 때 사용합니다. 49512~65535는 '동적 포트$^{\text{dynamic port}}$'라 부르며, 서버가 클라이언트 소프트웨어를 식별하기 위해 사용합니다.

● TCP는 신뢰성을, UDP는 실시간성을 중시한다

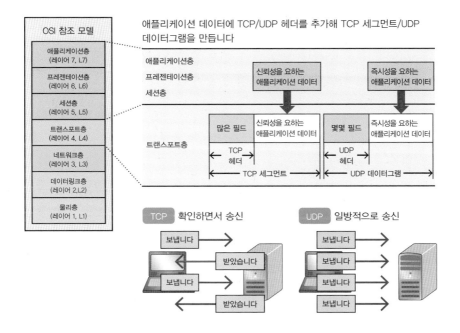

● 데이터를 어떤 서비스에 전달할지는 포트 번호로 식별한다

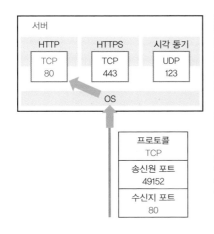

포트 번호 범위	포트 분류	설명
0~1023	기정 포트	일반적인 서버 소프트웨어에서 사용
1024~49151	등록 포트	메이커 특유의 서버 소프트웨어에서 사용
49152~65535	동적 포트	클라이언트 측에서 런타임에 사용

웹서버(HTTP)의 경우 TCP 80번 포트로 클라이언트로부터의 서비스 요청을 대기합니다. 수신지 포트가 TCP 80번 포트인 데이터가 도달하면 웹서버 소프트웨어에 전달합니다.

컴퓨터의 특정 애플리케이션에 데이터를 전달하는 구조

포트 번호 사용 방법

포트 번호는 컴퓨터 안에서 작동하는 애플리케이션을 식별하기 위한 숫자입니다. 구체적으로 어떻게 사용하는지를 웹 클라이언트가 웹서버에 접근할 때의 예를 들어 자세히 설명합니다.

▌ 클라이언트에서 서버로의 연결(요청)

① 웹 클라이언트는 웹브라우저가 만든 요청 데이터를 받으면, 송신원 포트 번호에 동적 포트 중 무작위로 선택한 숫자, 수신지 포트 번호에 웹서비스를 나타내는 '80'을 넣어서 TCP 세그먼트를 만듭니다.

② 웹 클라이언트는 IP와 이더넷을 처리하고 웹서버에 전송합니다.

③ 웹서버는 이더넷과 IP를 처리하고 수신지 포트 번호를 확인합니다. 수신지 포트 번호는 80입니다. 80번은 웹서비스를 나타내는 기정 포트이므로 웹서비스를 제공하는 서버 소프트웨어에 요청 데이터를 전달합니다. 서버 소프트웨어는 클라이언트의 요청에 대한 처리를 수행하고, 응답 데이터를 만듭니다.

▌ 서버에서 클라이언트로의 연결(응답)

① 웹서버는 서버 소프트웨어로부터 응답 데이터를 받으면, 송신원 포트 번호에 웹서비스를 나타내는 '80', 수신지 포트 번호에 받은 TCP 세그먼트의 송신원 포트 번호를 넣어 TCP 세그먼트를 만듭니다.

② 웹서버는 IP와 이더넷을 처리하고 웹 클라이언트에 전송합니다.

③ 웹 클라이언트는 이더넷과 IP를 처리하고, 수신지 포트 번호를 확인합니다. 수신지 포트 번호는 스스로 할당한 포트 번호이므로, 그에 연결된 클라이언트 소프트웨어, 즉 웹브라우저에 데이터를 전달합니다.

그림과 작동 원리로 쉽게 이해하는 서버의 기초

송신원 포트 번호의 범위는 사용하는 OS에 따라 다릅니다. 예를 들어, 윈도우 OS에서는 49152~65535, 리눅스 OS에서는 32678~61000입니다. 플러스
1

● 요청과 응답의 흐름

클라이언트로부터의 연결(요청)과 서버로부터의 대답(응답)에서 송신원과 수신지의 포트 번호는 반대가 됩니다.

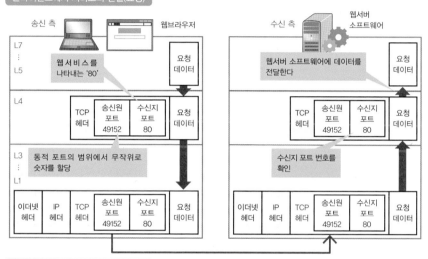

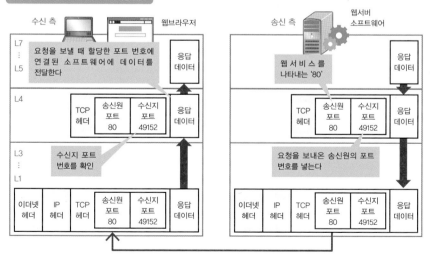

49

관련
용어
동적 포트 _ p.46 / 기정 포트 _ p.46 / 웹서버 _ p.114 / 이더넷 _ p.34 / IP _ p.38 /
TCP 세그먼트 _ p.46

NAT와 NAPT

기업이나 가정의 LAN에서 사용하는 사설 IP 주소를 인터넷에서 사용하는 공인 IP 주소로 변환하는 기술이 'NAT^{Network Address Translation}'와 'NAPT^{Network Address Port Translation}'입니다. NAT와 NAPT 처리는 LAN과 인터넷을 연결하는 라우터나 방화벽에서 수행합니다.

NAT는 IP 주소를 1:1로 변환한다

NAT는 사설 IP 주소와 공인 IP 주소를 1:1로 묶어서 변환합니다. NAT는 LAN으로부터 인터넷으로 연결할 때는 송신원 IP 주소를 변환합니다. 반대로 인터넷으로부터 LAN으로 연결할 때는 수신지 IP 주소를 변환합니다.

NAPT는 IP 주소와 포트 번호를 변환한다

NAPT는 사설 IP 주소와 공인 IP 주소를 n:1로 묶어서 변환합니다. NAPT는 LAN으로부터 인터넷에 접근할 때, 송신원 IP 주소뿐만 아니라 송신원 포트 번호도 변환함으로써, n:1의 변환을 실현합니다. 다음은 LAN에 있는 클라이언트가 인터넷에 있는 서버와 통신하는 것을 예로 들어, NAPT 처리에 관해 구체적으로 설명합니다.

① 라우터는 클라이언트로부터 받은 패킷의 송신원 IP 주소를 사설 IP 주소로부터 공인 IP 주소로 변환합니다. 이와 함께 송신원의 포트 번호도 변환하고, 그 변환 정보를 기록한 뒤 서버에 전송합니다.

② 서버는 클라이언트로부터 패킷을 받고, 그 처리 결과를 클라이언트에 반환합니다.

③ 라우터는 받은 패킷의 수신지 IP 주소와 포트 번호를 ①에서 만든 변환 정보에 기반해 원래대로 되돌린 뒤, 클라이언트에 반환합니다.

넓은 의미의 NAT/NAPT는 공인 IP 주소, 사설 IP 주소에 관계없이 IP 주소를 변환하는 기술 전반을 나타냅니다. **플러스 1**

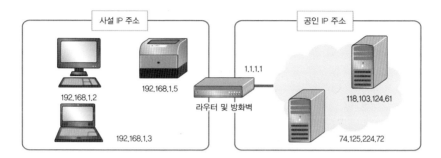

● NAT와 NAPT의 차이

NAT와 NAPT는 사설 IP 주소를 공인 IP 주소로 변환하는 기술입니다.

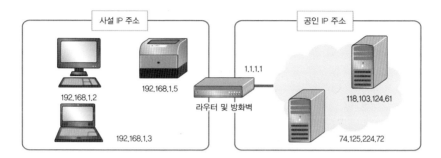

NAT는 하나의 사설 IP 주소와 하나의 공인 IP 주소를 묶습니다. 서버를 인터넷에 공개할 때 사용합니다.

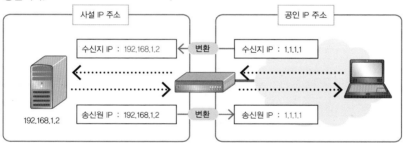

NAPT는 IP 주소뿐만 아니라 포트 번호도 사용해 하나의 공인 IP 주소에 여러 사설 IP 주소를 변환할 수 있습니다.
LAN에 있는 여러 컴퓨터로부터 인터넷에 연결할 때 사용합니다.

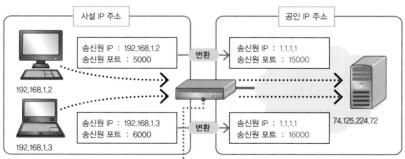

IP 주소와 포트 번호의 변환 정보를 기억해 둡니다. 서버로부터 응답이 돌아오면 변환 정보에 기반해 송신원의 클라이언트에 반환합니다.

관련 용어 공개 서버 _ p.108 / 글로벌 IP 주소 _ p.40 / 라우터 _ p.42 / 방화벽 _ p.154 / 사설 IP 주소 _ p.40 / 포트 번호 _ p.46

2 _ 네트워크 기초 지식

패킷 캡처를 통해 알 수 있는 심오한 네트워크의 세계

인터넷을 할 때, 여러분의 PC나 스마트폰과 서버 사이에 대체 어떤 데이터가 흐르는 것인지 궁금했던 적은 없습니까? 조금이라도 IT에 관련된 엔지니어라면 한 번쯤 생각해봤을 것입니다. 다소 어렵게 들리는 질문이지만, 사실은 '와이어샤크 Wireshark'라는 무료 소프트웨어를 사용하면 간단하게 해결할 수 있습니다.

네트워크를 흐르는 데이터, 즉 패킷을 얻는 것을 '패킷 캡처packet capture', 이를 가능하게 하는 소프트웨어를 '패킷 캡처 소프트웨어'라 부릅니다. 패킷 캡처 소프트웨어 중에서 가장 유명한 것이 와이어샤크입니다. 와이어샤크는 무료로 사용할 수 있음에도 간단하게 패킷을 캡처할 수 있을 뿐만 아니라, 다양한 분석 기능도 제공하기 때문에 지금도 매우 중요하게 사용합니다. 어느 정도 경험을 쌓은 엔지니어라면 가장 먼저 설치하는 소프트웨어의 하나라고 말할 수 있습니다.

물론 캡처한 패킷의 내용을 이해하는 것은 초심자에게는 아직 상당히 어려울 것입니다. 하지만 '네트워크에는 이런 데이터가 흐르는구나…'라고 간략하게 살펴보는 것만으로도 네트워크의 구조를 대략적으로 느낄 수 있을 것입니다. 무슨 일이든 걱정하는 것보다는 실행하기가 쉽습니다. 우선 여러분의 PC에 와이어샤크를 설치해서 전달되는 패킷들을 살펴봅시다.

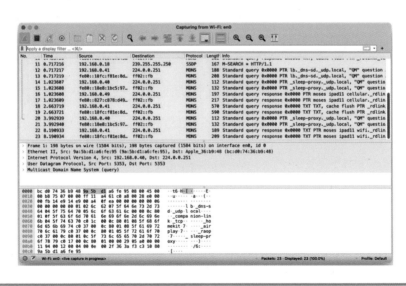

3

서버를 준비한다

서버라고 한 단어로 표현해도 사실 그 종류가 다양합니다. 이번 장에서는 서버가 필요하게 됐을 때, 어디에 어떤 서버를 선택하면 좋은지에 관해 다양한 측면에서 설명합니다.

어떤 서버를 사용할지 선택한다

어디에 위치한, 어떤 컴퓨터에 서버 소프트웨어를 설치할 것인가? 이것은 서버의 확장성이나 유지보수성, 운용관리성과 관련된 중요한 문제입니다. 시스템 구축 추기 단계에서 수행하는 각각의 선택이 시스템 전체의 미래를 결정하다고 해도 과언이 아닙니다.

최근에는 이전에 비해 컴퓨터의 종류가 다양해졌고 그만큼 선택지의 폭이 넓어졌습니다. 하지만 모든 선택에는 장단점이 있습니다. 각 선택지의 장점과 단점을 이해하고 시스템에 있어, 그리고 IT 관리자에게 있어 최적의 컴퓨터가 무엇인가를 확실하게 검토해야 합니다.

이 책에서는 서버 소프트웨어가 작동하기 위해 필요한 컴퓨터 타입에 관해 '어디에', '어떤'이라는 두 가지 관점에서 각각 다음과 같이 필터링해서 설명합니다.

▣ 어디에 서버를 설치하는가?

① 운용 형태 ～ 온프레미스(자사 직접 운용) / 클라우드(클라우드용)

② 설치 장소(온프레미스의 경우) ～ 자사 설치 / 데이터 센터 설치

▣ 어떤 서버를 설치하는가?

① 물리 서버의 종류(온프레미스의 경우) ～ 타워형 / 랙 마운트형 / 블레이드형

② 가상화/컨테이너의 도입 ～ 물리 서버 / 가상 머신(가상 서버, Virtual Machine, VM) / 컨테이너

③ 하드웨어 스펙 ～ CPU / 메모리 / 저장소 타입 / NIC

④ OS의 종류 ～ 윈도우 계열 서버 OS / 리눅스 계열 서버 OS

⑤ 서비스 제공 형태 ～ 어플라이언스 서버(단일 기능) / 범용 서버

각 키워드에 관해서는 다음 절 이후에 자세히 설명합니다.

● 어디에 어떤 형태로 서버를 설치하는가?

어디에 있는, 어떤 컴퓨터에 서버 소프트웨어를 설치하는가가, 서버의 확장성이나 유지보수성 및 운용관리성에 큰 영향을 미칩니다. 각각의 장단점을 확실히 확인하는 것이 중요합니다.

어디에 서버를 설치하는가?

● 서버를 자사에서
  운용하는가?

자사에서 운용   클라우드 서비스 사업자가 운용

● 자사에서 운용한다면,
  어디에 설치하는가?

자사 안에 설치   데이터 센터 안에 설치

어떤 서버를 설치하는가

● 물리 서버의 경우 어떤
  형태를 갖는가?

타워형   랙 마운트형   블레이드형

● 물리 서버가 아니라 가상
  머신이나 컨테이너를
  사용하는가?

● (물리/가상 서버라도)   ● (물리/가상 서버라도)   ● 단일 기능 서버인가? 범용
  서버의 OS는 무엇을   서버의 OS는 무엇을   서버인가?
  사용하는가?   사용하는가?

Windows

Linux

어플라이언스 서버

온프레미스 타입과 클라우드 타입

서버의 운용 형태는 자사에서 운용하는 '온프레미스 타입'과 클라우드 서비스를 사용해서 운용하는 '클라우드 타입'으로 크게 나눌 수 있습니다.

'온프레미스 타입'은 자사에 보유한 설비로 시스템을 운용 관리하는 것으로, 이미 존재하던 시스템 운용 형태입니다. 온프레미스 타입은 네트워크 기능은 물론 서버도 자사의 것이기 때문에, 원하는 대로 구성을 조합할 수 있으며 기존 시스템과도 유연하게 연동할 수 있습니다. 그리고 만약 문제가 발생하더라도, 상황을 파악하기 쉽고 문제를 해결하기도 쉽습니다. 하지만 기기나 라이선스, 설치 공간 등 모든 설비를 직접 조달해야 하기 때문에 비용이 들 뿐만 아니라, 실제로 운용에 이르기까지 상당한 시간이 걸립니다.

'클라우드 타입'은 클라우드 서비스 사업자가 보유한 설비로 시스템을 운용 관리하는 시스템 운용 타입입니다. 클라우드 서비스 사업자가 가진 설비에 시스템을 구축하기 때문에, 조달은 물론 구축에도 시간이 들지 않습니다. 그리고 서버의 스펙을 상황에 따라 바꿀 수 있기 때문에, 다양한 스펙 요구사항에 대응하기 쉽다는 것이 특징입니다. 하지만 클라우드라는 한정된 틀 안에서만 구성을 조합할 수 있으며, 그 프레임을 넘어서는 유연한 구성은 불가능합니다. 그리고 막상 클라우드 서비스 자체에 문제가 발생했을 때, 클라우드 서비스 사업자에게 온전히 의존해야 하는 부분이 많고 다양한 상황을 파악할 수 없어, 문제 해결에 어려운 측면도 있습니다.

클라우드 타입의 운용 형태가 등장했을 시기에는, 너나 할 것 없이 클라우드로 마이그레이션을 했습니다. 하지만 시간이 지남에 따라, 위에서 언급한 클라우드 타입의 문제가 나타나기 시작했습니다. 그래서 새롭게 나타난 운용 형태가 바로 '하이브리드 클라우드 타입'입니다. 하이브리드 클라우드 타입은 사내에 어떤 온프레미스 환경과 클라우드 서비스 사업 안에 있는 클라우드 환경을 'VPN^Virtual Private Network'이라 불리는 가상의 전용선으로 연결하고 온프레미스 타입과 클라우드 타입의 장점을 살립니다. 예를 들어, 기존 시스템과 연동이 필요한 시스템은 온프레미스 환경에 배치하고, 연동이 필요하지 않은 시스템은 클라우드 환경에 배치해서 운용합니다.

● 서버 운용 형태

서버 운용 형태에는 자사에서 운용하는 '온프레미스 타입'과 클라우드 서비스를 이용하는 '클라우드 타입'이 있습니다. 이 둘을 연결한 것이 '하이브리드 클라우드 타입'입니다.

온프레미스 타입

자사에서 보유한 설비로 시스템을 운용 관리하는
기존의 형태입니다.

직접 운용

자사 오피스나 서버룸, 데이터 센터에 서버를 설치합니다.

장점

● 원하는 대로 구성을 조합할 수 있다
● 기존 시스템과 연동하기 쉽다
● 문제 상황 파악과 문제 해결이 쉽다

단점

● 모든 설비를 직접 조달해야 한다
● 비용이 들고 실제 운용까지 시간이 걸린다

클라우드

클라우드 서비스 사업자가 보유한 설비에서
시스템을 운용 관리하는 형태입니다.

클라우드 서비스
사업자가 운용

서버 등의 리소스를 모두 서비스로 사용합니다.

장점

● 설비 조달이나 구축에 시간이 들지 않는다
● 상황에 따라 서버 스펙을 변경할 수 있다

단점

● 클라우드 서비스 사업자가 제공하는 서비스
  범위에서만 구성을 조합할 수 있다
● 클라우드 서비스 자체에 장애가 발생하면,
  클라우드 서비스 사업자에게 의존하는 부분이
  많으며 문제를 해결하기 어렵다

하이브리드 타입

온프레미스 환경과
클라우드 환경을 VPN으로
연결한 형태입니다.

자사에서 운용

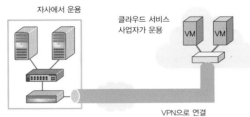

클라우드 서비스
사업자가 운용

VPN으로 연결

3 _ 서버를 준비한다

관련
용어   자사 운용 _ p.60 / 트러블 슈팅 _ p.182 / 클라우드 서비스 _ p.58 / VPN _ p.132

클라우드 서비스의 종류

클라우드 서비스는 운용 관리 비용 절감이나 구축 속도 향상 등, 많은 장점을 갖고 있습니다. 클라우드 서비스의 형태는 'IaaS', 'PaaS', 'SaaS' 세 가지로 크게 나눌 수 있습니다. 각각에 관해 설명합니다.

IaaS(Infrastructure as a Service)

IaaS는 CPU, 메모리, OS 등 컴퓨터의 인프라스트럭처(기반)를 제공하는 타입의 클라우드 서비스입니다. Amazon Web Services(AWS)의 EC2, Microsoft Azure의 Virtual Machines가 여기에 해당합니다. 시스템 관리자는 관리 화면에서 CPU 수나 메모리 용량, 스토리지 용량, OS 등 인프라스트럭처 요소를 선택합니다. 그러면 OS만 설치된 빈 상태의 컴퓨터(인스턴스)가 제공됩니다. 그 뒤, 필요한 소프트웨어를 직접 설치합니다.

PaaS(Platform as a Service)

PaaS는 애플리케이션을 실행하기 위한 환경(플랫폼)을 제공하는 타입의 클라우드 서비스입니다. AWS의 RDS^{Relational Database Service}, Azure의 App Service가 여기에 해당합니다. 시스템 관리자는 관리 화면에서 사용할 프로그램이 언어, 데이터베이스 종류 등 애플리케이션 측면의 요소를 선택합니다. 그리고 필요에 따라 인프라스트럭처 측면의 요소도 선택합니다. 그러면 지정한 애플리케이션을 실행하는 환경이 제공됩니다.

SaaS(Software as a Service)

SaaS는 소프트웨어(서비스)를 제공하는 타입의 클라우드 서비스입니다. 시스템 관리자는 클라우드상의 소프트웨어를 서비스로서 사용합니다. 사용자는 제공되는 URL에 접속해, 웹브라우저로부터 서비스를 사용합니다. Gmail이나 Google 지도 등을 떠올리면 쉽게 이해할 수 있을 것입니다. IaaS나 PaaS는 인프라스트럭처나 애플리케이션 실행 환경을 고려해야 하지만, SaaS는 그 부분을 클라우드 사업자에게 위탁하므로, 관리 효율이 크게 향상됩니다.

그림과 작동 원리로 쉽게 이해하는 서버의 기초

IaaS → PaaS → SaaS 순으로 관리할 항목이 줄어들어 관리가 쉬워집니다. 단, 그만큼 설정 범위도 좁아지므로 유연성이 줄어드는 점을 고려해야 합니다. **플러스 1**

● 세 종류의 클라우드 서비스

클라우드 서비스는 'IaaS', 'PaaS', 'SaaS'의 세 가지로 크게 나눌 수 있습니다.

IaaS(Infrastructure as a Service)

IaaS는 CPU, 메모리, 스토리지 드라이브, OS 등 인프라스트럭처를 제공합니다.

시스템 관리자가 관리
화면에서 인프라스트럭처
구성을 선택

CPU 코어 수: 4
메모리: 16GB
스토리지: 40GB
OS: Ubuntu

VM

컴퓨터(인스턴스)가
제공된다

필요한 소프트웨어를
설치한다.

PaaS(Platform as a Service)

PaaS는 인프라스트럭처뿐만 아니라, 애플리케이션을 실행하기 위한 환경을 제공합니다.

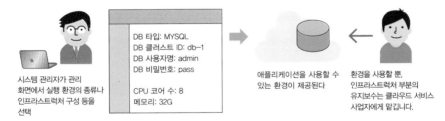

시스템 관리자가 관리
화면에서 실행 환경의 종류나
인프라스트럭처 구성 등을
선택

DB 타입: MYSQL
DB 클러스트 ID: db-1
DB 사용자명: admin
DB 비밀번호: pass

CPU 코어 수: 8
메모리: 32G

애플리케이션을 사용할 수
있는 환경이 제공된다

환경을 사용할 뿐,
인프라스트럭처 부분의
유지보수는 클라우드 서비스
사업자에게 맡깁니다.

SaaS(Software as a Service)

SaaS는 소프트웨어(서비스)를 제공합니다.

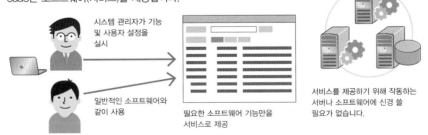

시스템 관리자가 기능
및 사용자 설정을
실시

일반적인 소프트웨어와
같이 사용

필요한 소프트웨어 기능만을
서비스로 제공

서비스를 제공하기 위해 작동하는
서버나 소프트웨어에 신경 쓸
필요가 없습니다.

관련
용어   데이터베이스 _ p.126 / 메모리 _ p.70 / 스토리지 드라이브 _ p.70 / 클라우드 타입 _ p.56 /
CPU _ p.70

자사인가 데이터 센터인가

온프레미스 타입의 운용 형태를 선택했다면, 다음은 그 시스템을 어디에 설치할지 고려해야 합니다. 설치 장소로 고려할 수 있는 곳은 '자사의 서버룸' 또는 '데이터 센터'입니다. 자사 서버룸은 오피스의 일부를 서버 전용으로 할당한 곳입니다. 데이터 센터는 고객의 IT 자산을 맡기거나, 다양한 서비스를 제공하는 전용 설비를 말합니다. 어느 쪽에 설치할 것인지는 '설비'나 '비용', '만일의 사태에 대응' 등 몇 가지 요소에 따라 결정합니다.

데이터 센터는 설비가 충실하다

자사 서버룸은 어디까지나 오피스의 일부입니다. 서버나 네트워크 기기를 설치하기 위해서는 전원 설비나 공조 설비, 내진 설비, 보안 설비 등 서버를 지속적이고 안정적으로 운용하기 위해 필요한 설비들을 상당히 강화해야 합니다. 한편 데이터 센터는 그런 설비들이 이미 최적화되어 있으므로, 일일이 신경 쓸 필요가 없습니다.

비용은 경우에 따라 다르므로 우선 산출해서 비교한다

데이터 센터에 서버를 설치하면 '랙 사용료'뿐만 아니라 '전원 사용료', '인터넷 회선료', '유지보수/운용 관리비' 등 데이터 센터 고유의 비용이 추가됩니다. 선정할 때는 자사 서버룸에서 운용할 때 실제로 얼마나 비용이 드는지 계산하고, 합계 금액을 비교합니다.

데이터 센터는 만일의 경우 즉시 대응할 수 없다

데이터 센터는 '도시 타입'과 '교외 타입'으로 크게 나눌 수 있습니다. 도시 안에 있는 데이터 센터가 '도시 타입', 도시에서 떨어진 위치에 있는 데이터 센터가 '교외 타입'입니다. 도시 타입이든, 교외 타입이든 긴급 시 즉시 달려가 대응하는 것은 물리적으로 불가능합니다. 한편, 자사 서버룸은 자사 오피스 내부이므로 특별한 사정이 없는 한 즉시 달려가 대응할 수 있습니다.

데이터 센터 안의 통로는 냉각 효율을 높이기 위해 서버가 빨아들이는 냉기를 모은 '콜드 아일cold aisle'과 폐열 을 모은 '핫 아일hot aisle'로 나뉩니다. 플러스 1

서버 설치 환경의 필요성

서버는 유지보수 시를 제외하고 항상 사용할 수 있는 상태로 기동해야 합니다. 그렇기 때문에 물리적인 관점에서 문제에 대비해야 합니다.

서버 설치 장소로서 자사 서버룸과 데이터센터 중 하나를 검토합니다

검토 항목	이유
열 대책	서버 내부 온도가 너무 높아지면 서버가 중단되므로, 온도 관리가 가능한 장소나 공조 설비가 필요하다
전원 대책	서버에 필요한 전력을 안정적으로 공급하기 위해, 정전 대책이나 전원 용량, 전원 계통의 관리가 필요하다
지진 대책	지진으로 인해 서버가 중단되지 않도록 내진 및 흔들림 완화를 위한 설비가 필요하다
보안 대책	서버의 중요한 데이터가 제삼자에게 유출되지 않도록, 잠금 장치 및 입/퇴실 관리를 할 수 있어야 한다

자사 서버룸

장점
- 서버에 문제가 생겼을 때 즉시 대응할 수 있다

단점
- 전원 설비, 공조 설비, 내진 설비, 보안 설비 등을 직접 준비해야 한다

데이터 센터

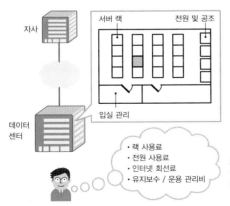

장점
- 전원 설비, 공조 설비, 내진 설비 등이 이미 제공되므로 자사에서 준비할 필요가 없다

단점
- 특히 교외 타입의 경우 서버에 문제가 발생했을 때 즉시 달려가 대응할 수 없다
- 데이터 센터 고유의 비용이 든다

- 랙 사용료
- 전원 사용료
- 인터넷 회선료
- 유지보수 / 운용 관리비

자사 서버룸에 드는 비용도 상당합니다. 실제로 비용이 얼마나 드는지 계산해, 데이터 센터의 요금과 비교합니다.

관련 용어 　온프레미스 타입 _ p.56 / 트러블슈팅 _ p.182

05 / 서버를 가상화할 것인가

서버 가상화는 관리적 측면의 장점이 크다

서버 가상화는 1대의 서버를 여러 서버로 나누어서 사용하는 기술입니다. '가상화 소프트웨어'라 불리는 전용 소프트웨어를 사용해, 하드웨어(CPU, 메모리, 스토리지, NIC)를 가상 하드웨어(가상 CPU, 가상 메모리, 가상 스토리지 드라이브, 가상 NIC)로 논리적으로 나누어 OS에 할당함으로써 서버 분할을 실현합니다. 서버 가상화를 통해 만들어진 서버를 '가상 머신$^{Virtual\ Machine,\ VM}$' 또는 '가상 서버'라 부릅니다.

서버 가상화는 물리적으로 여러 대인 서버를 1대로 모아 설치 공간을 줄이거나, '라이브 마이그레이션 기능'이나 '폴트 톨러런스$^{fault\ tolerance}$ 기능'을 통해 다른 서버에 가상 머신을 기동하는 등, 시스템 관리자에게 있어 비용 이상의 장점을 주기도 하므로 폭발적으로 보급됐습니다. 서버 가상화는 지금은 한때의 인기를 넘어, 시스템에 없어서는 안 되는 것으로 정착됐습니다.

서버 가상화는 성능 열화를 고려해야 한다

얼핏 만능처럼 생각되는 서버 가상화에도 물론 단점은 있습니다. 그중에서도 서비스에 직접 영향을 주는 것으로는 '처리 성능의 열화'입니다. 가상화 소프트웨어는 가상 머신에 다양한 하드웨어 처리를 가상으로 실행합니다. 그 처리가 필요하지 않은, 가상화하지 않은 서버에 비해 그만큼 성능이 떨어지는 것은 어쩔 수 없습니다. 이것은 감당해야만 합니다. 가상화에 의한 성능 열화의 영향을 확실히 검토하고, 그 영향을 반영한 스펙을 가진 하드웨어를 선정해야 합니다. 그리고 데이터베이스 서버 같이 성능이 요구되는 서버나 동기화에 사용하는 NTP 서버처럼 즉시성이 요구되는 서버는 무턱대고 가상화하지 말고 물리 서버로 구축해, 시스템 전체적으로 성능의 열화를 막아야 합니다.

● 하드웨어를 논리적으로 분할한다

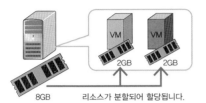

8GB   리소스가 분할되어 할당됩니다.

서버 가상화에서는 가상화 소프트웨어를 사용해, 물리 서버 하드웨어를 논리적으로 분할해서 사용합니다.

● 서버 가상화의 다양한 장점

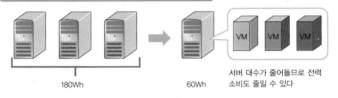

물리적인 서버 대수를 줄여, 설치 공간을 줄일 수 있다

180Wh   60Wh

서버 대수가 줄어들므로 전력 소비도 줄일 수 있다

낭비되기 쉬운 CPU나 메모리 등의 리소스를 효과적으로 활용할 수 있다.

10%   40%

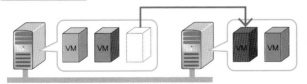

라이브 마이그레이션

물리 서버가 기동 중인 상태에서 가상 머신을 다른 물리 서버로 이동할 수 있는 기능입니다.

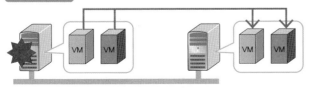

폴트 톨러런스

한 가상 머신의 복제를 다른 물리 서버에 배치해 둡니다. 원래 가상 머신에 장애가 발생했을 때, 복제된 서버가 서비스를 계속합니다.

3 _ 서버를 준비한다

관련 용어 가상화 소프트웨어 _ p.64 / 데이터베이스 서버 _ p.126 / 메모리 _ p.70 / 스토리지 드라이브 _ p.70 / CPU _ p.70 / NIC _ p.70 / NTP 서버 _ p.184

서버를 가상화하기 위해 필요한 소프트웨어가 가상화 소프트웨어입니다. 가상화 소프트웨어는 가상화 소프트웨어가 애플리케이션 소프트웨어의 하나로 작동하는 '호스트 OS^{Host OS} 타입'과 OS로 작동하는 '하이퍼바이저^{hypervisor} 타입'으로 크게 나눌 수 있습니다.

호스트 OS 타입 가상화 소프트웨어

호스트 OS 타입은 일반적인 OS(호스트 OS)에 설치한 가상화 소프트웨어 위에서 가상 머신(게스트 OS)을 작동시키는 가상화 기술입니다. 브이엠웨어의 VMWare Player나 오라클의 VirtualBox가 이 타입에 해당합니다.

호스트 OS 타입 가상화 소프트웨어는 PC에도 간단하게 설치할 수 있고 손쉽게 사용할 수 있어, 일시적인 검증 환경을 구축하는데 적합합니다. 하지만 가상화 소프트웨어뿐만 아니라 호스트 OS도 작동해야 하기 때문에, 그만큼 CPU나 메모리를 많이 소비합니다. 그리고 가상 머신은 가상화 소프트웨어와 호스트 OS를 통해 하드웨어를 사용해야 하기 때문에 처리 지연이 크고, 실제 사용자에게 서비스를 제공하는 프로덕션 환경에는 적합하다고 할 수 없습니다.

하이퍼바이저 타입 가상화 소프트웨어

하이퍼바이저 타입은 서버에 직접 설치한 가상화 소프트웨어 위에, 가상 머신을 작동시키는 가상화 기술입니다. 브이엠웨어의 vSphere나 오픈 소스인 KVM, 마이크로소프트의 Hyper-V 등이 이 타입에 해당합니다. 하이퍼바이저 타입 가상화 소프트웨어는 호스트 OS 타입에서의 호스트 OS와 게스트 OS의 개념과 완전히 다릅니다. 모든 가상 머신이 '하이퍼바이저'라 불리는 제어 프로그램 위에서 병렬로 작동합니다.

하이퍼바이저 타입 가상 소프트웨어는 하드웨어에서 직접 작동하기 때문에 호스트 OS와 같이 불필요하게 CPU나 메모리를 소비하지 않습니다. 그리고 가상 머신은 가상화 소프트웨어만을 통해 하드웨어를 사용할 수 있으므로, 호스트 OS 타입에 비해 처리 지연이 짧고 프로덕션 환경에도 일반적으로 사용됩니다.

클라우드 서비스상의 많은 컴퓨터(인스턴스)도 클라우드 서비스 사업자가 제공한 하이퍼바이저 타입의 가상 **플러스** 화 소프트웨어 위에서 작동합니다. **1**

● 다양한 가상화 타입

서버 가상화는 가상화 소프트웨어를 통해 실현합니다. 가상화 소프트웨어에는 호스트 OS 타입
과 하이퍼바이저 타입 등이 있습니다.

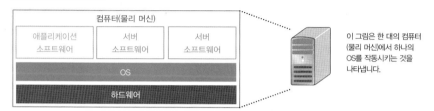

가상화하지 않는 경우

이 그림은 한 대의 컴퓨터
(물리 머신)에서 하나의
OS를 작동시키는 것을
나타냅니다.

호스트 OS 타입 가상화 소프트웨어가 애플리케이션 소프트웨어의 하나로 작동합니다.

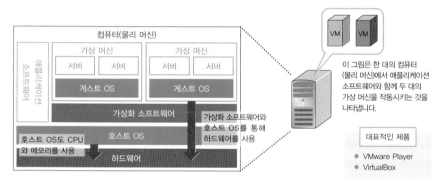

이 그림은 한 대의 컴퓨터
(물리 머신)에서 애플리케이션
소프트웨어와 함께 두 대의
가상 머신을 작동시키는 것을
나타냅니다.

대표적인 제품

● VMware Player
● VirtualBox

하이퍼바이저 타입 가상화 소프트웨어가 OS로 작동합니다.

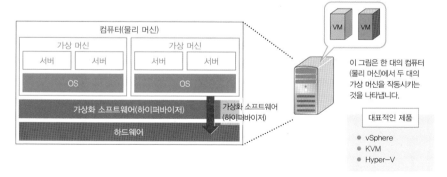

이 그림은 한 대의 컴퓨터
(물리 머신)에서 두 대의
가상 머신을 작동시키는
것을 나타냅니다.

대표적인 제품

● vSphere
● KVM
● Hyper-V

3 _ 서버를 준비한다

관련
용어 서버 가상화 _ p.62 / 서버 OS _ p.72

서버 컨테이너화

서버 가상화를 한층 발전시킨 형태로 주목받고 있는 기술이 '컨테이너 타입 가상화'입니다. 서버 가상화는 가상화 소프트웨어 위에서 다양한 OS의 가상 머신을 작동시킬 수 있어 서버 환경을 극적으로 진화시켰습니다. 지금은 온프레미스 환경이라면 서버 가상화는 당연한 것으로 이야기를 진행하는 것이 일반적입니다. 그러나 한편으로 여러 가상 머신이 같은 OS를 사용하는 것과 같은 환경에서는 가상 머신마다 OS를 제공해야 하므로, 중복해서 리소스(CPU, 메모리, 스토리지 영역 등)를 소비하게 되는 치명적인 약점을 안고 있습니다. 이 약점을 극복하고 보다 사용하기 쉽게 만들어진 기술이 바로 컨테이너 타입 가상화입니다.

컨테이너 타입 가상화는 서버에 필요한 프로그램이나 데이터를 한데 모은 '컨테이너'를 호스트 OS 위에 설치한 '컨테이너 관리 소프트웨어' 위에서 작동시키는 기술입니다. 각 컨테이너들에서 수행되는 처리는 격리되어 있으므로, 마치 여러 서버가 있는 것처럼 보입니다.

📱 도커로 만드는 컨테이너 타입 가상화 환경

컨테이너 타입 가상화를 위해 필요한 소프트웨어가 '도커Docker'라는 오픈 소스 소프트웨어입니다. 기본적으로 리눅스 OS 위에서 작동합니다. 도커를 설치하면 '도커 엔진'이라는 컨테이너 관리 소프트웨어가 설치됩니다. 컨테이너는 먼저 '도커 허브Docker Hub'라는 웹사이트로부터 '이미지(컨테이너 재료)'를 다운로드해서 사용하는 경우가 많습니다. 이미지는 OS를 포함하고 있지 않으므로 크기가 작고, 전달하기에도 적합합니다. 그리고 각종 설정을 추가한 상태에서 이미지를 만들거나, 해당 이미지를 다른 도커 엔진에서도 작동시킬 수 있기 때문에 다양한 곳에서 동일한 환경을 만들어낼 수 있습니다.

이런 특성을 살리기 위해 컨테이너 타입 가상화로 서버를 구축할 때는 기본적으로 '1 서버, 1 컨테이너', 즉 하나의 컨테이너에는 하나의 서비스만 넣도록 합니다. 그리고 하나의 컨테이너를 중요하게 계속 사용하는 것이 아니라, 새로운 컨테이너를 점점 만들고 '사용하고 부수는' 것을 반복하면서 설정이나 소프트웨어를 업데이트합니다.

여러 도커 엔진에 올린 컨테이너를 일괄적으로 관리하는 도구(컨테이너 오케스트레이션Container Orchestration)가 쿠버네티스Kubernetes, k8s입니다.

플러스
1

● 서버 가상화와 컨테이너 타입 가상화의 차이

컨테이너 타입 가상화는 서버에 필요한 프로그램이나 데이터를 한데 모은 **컨테이너를 컨테이너 관리 소프트웨어** 위에서 작동시키는 기술입니다. 각 컨테이너들에서 수행되는 처리는 격리되어 있으므로, 마치 여러 서버가 있는 것처럼 보입니다.

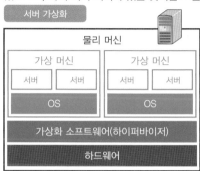

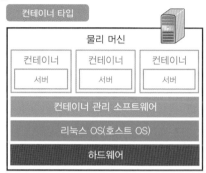

- 가상화 소프트웨어 위에서 가상 머신이 작동한다
- 다양한 OS를 작동시킬 수 있다
- 같은 OS만 사용해야 하는 환경에서는 OS 수만큼 리소스가 중복된다

- 컨테이너 관리 소프트웨어 위에서 컨테이너가 각각 작동한다
- 컨테이너 관리 소프트웨어는 물론 컨테이너도 기본적으로 리눅스 OS에서만 작동한다
- OS에 사용하는 영역은 중복되지 않는다

● 도커의 장점

컨테이너 타입 가상화를 위해 필요한 소프트웨어가 '도커'라는 오픈 소스 소프트웨어입니다. 도커에서는 먼저 이미지(컨테이너 재료)를 도커 허브에서 다운로드해서 사용합니다. 컨테이너는 전달하기 쉬우며 다른 도커 엔진에서도 작동합니다.

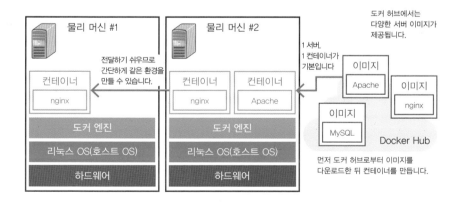

타워형, 랙마운트형, 블레이드형?

서버의 함체 형태를 선택한다

온프레미스형 운용 형태를 선택한 경우, 어떤 하드웨어에 서버 소프트웨어를 설치하는가도 고려해야 합니다. 어떤 하드웨어라 하더라도 서버 소프트웨어만 동작하면 즉시 서버가 됩니다. 그렇다하더라도 기밀 데이터를 다루는 서버를 가정용 랩톱에 설치할 수는 없는 노릇입니다. 시스템 요건이나 중요도에 맞춰 하드웨어를 선정합니다.

▮ PC와 서버로 사용하는 하드웨어의 차이

서버용 하드웨어는 PC의 각종 부품의 성능을 향상하거나, 완전히 다른 사양의 것을 사용함으로써 처리 성능이나 신뢰성 향상을 도모합니다. 예를 들어, CPU의 경우 인텔은 제온^{Xeon}, AMD는 EPYC라 불리는 서버용 상위 모델을 제공합니다. 그리고 스토리지 수명의 경우 여러 스토리지 드라이브를 가질 수 있어, 설령 2대의 드라이브가 고장나더라도 남은 스토리지로 처리를 계속할 수 있게 되어 있습니다.

▮ 서버의 함체 형태

일반적인 서버의 함체 형태는 '타워형', '랙마운트형', '블레이드형'의 3 가지로 크게 나눌 수 있습니다. 타워형은 타워형의 데스크톱 PC 같은 형태의 서버입니다. 정숙성과 확장성, 열 대책에 우수하며 중소 기업의 사무 공간 등에서 자주 사용됩니다. 랙마운트형은 '서버랙'이라 불리는 전용 수납 랙(장)에 쌓아 올리는 얇은 형태의 서버입니다. 한정된 공간을 효과적으로 활용해야 하는 데이터 센터나 대기업의 서버룸 등에서 자주 사용합니다. 랙마운트형은 서버 랙에 탑재(마운트)할 수 있도록 크기가 정해져있으며, 랙 1 유닛의 크기를 '1U'라 부릅니다. 블레이드형은 서버 랙에 탑재한 '섀시'라 불리는 큰 함체에 삽입하는 얇고 긴 형태의 서버입니다. 랙마운트형보다 고밀도로 서버를 배치할 수 있으며, 랙마운트형과 마찬가지로 데이터 센터나 대기업의 서버룸에서 자주 사용됩니다.

랙마운트형 서버는 1U뿐만 아니라, 2U 또는 3U도 가능합니다. 숫자가 커질수록 보다 많은 부속을 탑재할 수 있어, 서버의 확장성이 향상됩니다.

플러스
1

그림과 지통 언리로 쉽게 이해하는 서버의 기초

서버와 PC의 하드웨어의 차이는 성능과 신뢰성

가정용 랩톱에서도 서버 소프트웨어가 동작한다면 서버로 사용할 수 있습니다. 하지만 중요한 데이터를 처리하는 서버에는 연속 가동을 전제로 하는 하드웨어를 준비하는 것이 좋습니다.

PC용 하드웨어의 특징	서버용 하드웨어의 특징
● 장시간 계속해서 기동하는 것을 전제하지 않는다 ● 멀티미디어 기능이 탑재되어 있다 ● 처리 성능이 낮다 ● 신뢰성이 낮다(다중화 기능이 없음) ● 가격이 저렴하다	● 장시간 계속해서 기동하는 것을 전제한다 ● 멀티미디어 기능이 탑재되어 있지 않다 ● 처리 성능이 높다 ● 신뢰성이 높다(다중화 기능 탑재) ● 가격이 비싸다

서버의 함체 형태는 3가지 종류

일반적인 서버의 케이스 형상에는 타워형, 랙마운트형, 블레이드형의 3종류가 있습니다.

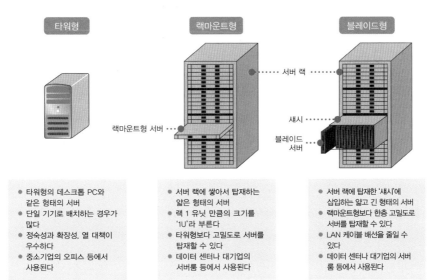

타워형

● 타워형의 데스크톱 PC와 같은 형태의 서버
● 단일 기기로 배치하는 경우가 많다
● 정숙성과 확장성, 열 대책이 우수하다
● 중소기업의 오피스 등에서 사용된다

랙마운트형

● 서버 랙에 쌓아서 탑재하는 얇은 형태의 서버
● 랙 1 유닛 만큼의 크기를 '1U'라 부른다
● 타워형보다 고밀도로 서버를 탑재할 수 있다
● 데이터 센터나 대기업의 서버룸 등에서 사용된다

블레이드형

● 서버 랙에 탑재한 '섀시'에 삽입하는 얇고 긴 형태의 서버
● 랙마운트형보다 한층 고밀도로 서버를 탑재할 수 있다
● LAN 케이블 배선을 줄일 수 있다
● 데이터 센터나 대기업의 서버룸 등에서 사용된다

관련
용어 CPU _ p.70 / 데이터센터 _ p.60 / 서버 소프트웨어 _ p.18 / 서버룸 _ p.60 /
스토리지 드라이브 _ p.70 / 온프레미스형 _ p.56

서버를 구성하는 컴포넌트

컴퓨터는 'CPU(중앙 처리 장치)', '메모리(주기억 장치)', '스토리지 드라이브(외부 기억 장치)', 'NIC^Network Interface Card'라는 주요 네 가지 컴포넌트로 구성됩니다. 서버는 이 컴포넌트들의 성능을 높이거나, 서버용으로 만들어진 다른 사양의 컴포넌트를 사용해 처리 성능이나 신뢰성 향상을 도모합니다. 어떤 정도의 컴포넌트를 사용할 것인지는 서버 용도나 가정한 최다 동시 이용자 수, 초당 요청 수 등 다양한 시스템 요구에 기반해서 결정합니다.

각 컴포넌트의 성능을 서버용으로 향상

CPU는 어느 시기까지는 클록(작동 주파수)을 높이면서 성능을 향상해왔습니다. 하지만 최근에는 클록을 높이는 대신, 멀티 코어화를 통한 처리 능력 향상을 꾀하게 됐습니다. 인텔 제온^Xeon이나 AMD의 EPYC 등, 서버용 CPU는 멀티 프로세서화/멀티 코어화에 맞춰 메모리 데이터 전송 고속화를 통한 처리 능력 향상을 도모합니다.

메모리는 OS가 64비트화됨에 따라 탑재할 수 있는 용량이 갑자기 증가했습니다. 이에 따라 용량이 증가하고 속도도 빨라졌습니다. 서버용 메모리에는 에러를 자동으로 복구하는 'ECC(에러 자동 보정) 메커니즘', 다중화하는 메모리 미러링^Memory Mirroring 기능 등이 탑재되어 신뢰성 향상을 도모합니다.

스토리지 드라이브도 메모리와 마찬가지로 용량이 증가하고 속도도 빨라졌습니다. 최근에는 HDD뿐만 아니라 SSD도 일반적으로 사용됩니다. 쓰기 중심의 서버는 HDD, 읽기 중심의 서버는 SSD처럼 용도에 맞춰 선정하기 바랍니다. 서버용 스토리지는 'RAID'를 통해 다중화를 조합할 수 있어, 신뢰성 향상을 도모할 수 있습니다.

NIC도 메모리나 스토리지만큼은 아니지만 차츰 속도가 빨라지고 있습니다. 최근에는 기가비트 이더넷의 NIC가 주류이고, 10기가 비트 이더넷의 NIC도 가끔 볼 수 있습니다. 서버에는 복수의 NIC가 탑재되어 있으며 '티밍^Teaming'을 통해 대역을 증가하거나 다중화할 수 있습니다.

● 필요한 서버의 스펙에 맞춰 네 가지 컴포넌트를 선택한다

컴퓨터를 구성하는 주요 컴포넌트에는 CPU, 메모리, 스토리지 드라이브, NIC가 있습니다.
서버 용도에 맞춰 이 컴포넌트들을 선정합니다.

CPU

온프레미스

● 작동 주파수(클록)가 높을수록 처리 능력이 높다. 단, 최근에는 CPU 코어(주요 계산 부분)를 늘려 능력 향상을 도모하는 추세이다.
● CPU 수, 또는 코어 수가 많을수록 처리 성능이 높다. 처리 능력과 가격의 균형을 고려한다.

클라우드

● 하드웨어는 사업자에게 일임한다. CPU의 성능은 제각각이며 작동 주파수로 나타내거나, 클라우드 서비스 고유의 단위를 사용해 'x86 CPU ○GHz 상당' 등으로 설명하기도 한다.

메모리

온프레미스

● 메모리 용량과 함께 데이터 전송 속도, 소비 전력, 내장애성을 고려한다.
● 서버용 메모리는 에러를 자동으로 복구하는 ECC 메커니즘, 메모리를 다중화해서 데이터를 복제해서 유지하는 메모리 미러링 기능 등을 통해 신뢰성 향상을 도모하고 있다.

클라우드

● 하드웨어는 사업자에게 일임한다. 메모리는 CPU 성능과 조합한 형태이며 1GB, 2GB 등 수치로 제공되는 메뉴에서 선택한다.

스토리지 드라이브

온프레미스

● 스토리지 용량과 함께 데이터 전송 속도나 내장애성을 고려한다.
● HDD뿐만 아니라 메모리를 사용한 SSD도 일반적으로 사용되고 있다. SSD는 속도가 빠르지만 고가이므로 용도에 맞춰서 선정한다.

클라우드

● 하드웨어는 사업자에게 일임한다. 스토리지 드라이브는 용량 및 HDD/SSD를 선택한다.

NIC

온프레미스

● 기가비트 이더넷의 NIC가 주류이며, 10기가비트 이더넷도 일부 사용되고 있다.
● 서버에는 여러 장의 NIC를 탑재하고 티밍으로 다중화하는 경우가 많다.

클라우드

● 하드웨어는 사업자에게 일임한다. GB 단위의 종량제 요금, 대역의 상한을 고정한 월정액 요금 등이 있다.

3 _ 서버를 준비한다

관련 용어 이더넷 _ p.34 / 티밍 _ p.140 / RAID _ p.138

리눅스 계열 서버 OS와
윈도우 계열 서버 OS

서버로서 보다 안정적으로 작동하도록 개발/조정된 OS를 서버 OS라 부릅니다. 서버 OS는 그래픽 처리나 사운드 처리 등 서비스에 관계없는 기능을 필요한 최소한으로 줄이는 한편, 다양한 관리 기능을 추가하거나 처리를 최적화함으로써 지속적/안정적인 서비스 제공을 가능케 합니다. 서버 OS에는 '리눅스^Linux 계열 서버 OS'와 '윈도우^Windows 계열 서버 OS' 두 종류가 있습니다. 어떤 OS를 선택할지는 제공하는 서비스나 비용, 지원, 운용 스킬 등 각종 요소를 고려해 결정합니다.

서버 OS의 원조인 '유닉스(UNIX)'를 기반으로 유닉스와 유사하게 작동하도록 만든 OS가 '리눅스 계열 서버 OS'입니다. 레드햇^Redhat의 'Red Hat Enterprise Linux(RHEL)'나 오픈 소스인 '우분투(Ubuntu)' 등이 이 유형의 OS에 해당합니다. 리눅스 계열 서버 OS는 마우스를 통한 입력 조작(GUI: Graphical User Interface)이 불가능하지는 않으나, 키보드를 통한 커맨드라인 입력 조작(CLI: Command Line Interface)이 중심입니다. CLI는 윈도우 계열 서버 OS에서 제공되는 GUI에 비해 반드시 직관적으로 조작할 수 있다고는 할 수 없으므로, 익숙해질 때까지는 시간이 소요됩니다. 그리고, 무료 OS를 선정하면 기본적으로 기술지원을 받지 못하는 등 문제가 발생해도 직접 해결할 수밖에 없습니다. 하지만 유닉스에 버금가는 수준의 견고성·안정성을 확보할 수 있고, 동시에 무료 OS를 선택하면 라이선스와 관련된 초기 비용을 줄일 수도 있습니다.

클라이언트 OS로서 일반적으로 사용되고 있는 윈도우의 성능을 서버용으로 향상하고, 최적화한 것이 '윈도우 계열 서버 OS'입니다. 'Windows Server 2016'이나 'Windows Server 2019'가 이 유형의 OS에 해당합니다. 윈도우 계열 서버 OS는 Windows 10이나 Windows 11과 같이 유료이므로 리눅스 계열 서버 OS에 비해 라이선스와 관련된 초기 비용이 높은 경향이 있습니다. 하지만 클라이언트용 윈도우와 같이 마우스를 사용한 입력 조작 방법이 주가 되므로 직관적으로 사용할 수 있습니다. 또한 개발사인 마이크로소프트를 통한 유/무료 기술지원도 받을 수 있어 안심하고 사용할 수 있습니다.

그림과 작동 원리로 쉽게 이해하는 서버의 기초

리눅스는 우분투로 대표되는 데비안(Debian) 계열, CentOS로 대표되는 레드햇(Red Hat) 계열로 분류할 수 있습니다. 양자는 소프트웨어 관리 방법이나 커맨드라인 등에 차이가 있습니다.   플러스 1

● 서버 OS란

서버에는 서버용으로 개발 및 조정된 서버 OS를 설치해서 사용합니다.

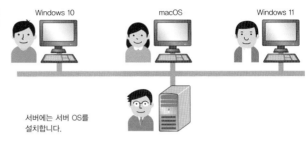

클라이언트 PC의 OS는 일반적으로
사용되는 Windows 10이나 macOS
등입니다.

Windows 10   macOS   Windows 11

서버에는 서버 OS를
설치합니다.

서버 OS에는 리눅스 계열 OS와 윈도우 계열 OS가 있습니다.

리눅스 계열 서버 OS	윈도우 계열 서버 OS
UNIX와 유사하게 작동하도록 만들어진 OS. 대표적인 리눅스 계열 서버 OS에는 레드햇의 Red Hat Enterprise Linux(RHEL), 오픈 소스인 Ubuntu 등이 있다.	윈도우 계열 서버용으로 성능을 향상시킨 OS. Windows Server 2016, Windows Server 2019 등이 있다.

특징

● 키보드를 통한 커맨드라인 입력 조작이 주이며, 처음에는 익숙하기 위해 노력이 필요하다.
● 무료로 사용할 수 있는 OS가 여럿 존재한다.
● 무료 OS를 사용하면 초기 비용을 억제할 수 있지만, 기술 지원이 없는 경우가 많으므로 문제 발생 시 직접 해결해야 한다.

특징

● 데스크톱 환경에서 사용하는 윈도우와 유사하며, 그래피컬한 화면을 마우스로 직접 조작할 수 있어 쉽게 접근할 수 있다.
● 유료이므로 리눅스 계열 서버 OS에 비해 초기 비용이 비싼 경향이 있다.
● 마이크로소프트로부터 유/무료 기술 지원을 받을 수 있다.

● 다양한 리눅스 서버 계열 OS

계열	이름	유료/무료	개요
Red Hat 계열	Red Hat Enterprise Linux (RHEL)	유료	레드햇이 개발한 상용 리눅스 계열 서버 OS. 대규모 시스템의 서버에 일반적으로 사용된다.
	CentOS	무료	Red Hat Enterprise Linux의 상용 부분을 제거한 Linux 계열 서버 OS. 안정성도 상당히 높아 상용으로 사용하기도 한다.
Debian 계열	Debian	무료	전 세계 자원 엔지니어로 구성된 커뮤니티에 의해 개발되고 있는 리눅스 계열 서버 OS. 안정성이 높아, 상용으로 사용하기도 한다.
	Ubuntu	무료	Debian을 기반으로 만들어진 리눅스 계열 OS. 사용하기 쉬우며, 서버 용도뿐만 아니라 데스크톱 용도로도 사용하기도 한다.

3 _ 서버를 준비한다

관련
용어   액티브 디렉터리 _ p.90   /   Microsoft Exchange Server _ p.104

특정 서비스나 기능만에 특화되어 만들어진 서버를 어플라이언스 서버$^{Appliance\ Server}$라 부릅니다. 어플라이언스 서버는 손쉽게 도입할 수 있고, 운용 관리도 쉬워 많은 기업이 사용합니다. 최근에는 파일 서버, 프락시 서버, 방화벽, 로드 밸런서(부하 분산 장치) 등 다양한 용도의 어플라이언스 서버가 존재합니다.

▦ 손쉽게 도입/운용할 수 있다

어플라이언스 서버는 서비스를 제공하기 위해 필요한 OS나 서버 소프트웨어가 설치된 상태에서 출하되기 때문에, 손쉽게 도입할 수 있습니다. 그리고 미리 설정 위젯이나 운용 관리 도구가 제공되므로, 이를 통해 설정 항목을 선택함으로써 간단하게 설정할 수 있습니다.

▦ 운용 관리 비용을 억제할 수 있다

어플라이언스 서버는 이제까지 설명한 범용 서버에서 불필요한 기능을 삭제하거나, 전용 하드웨어나 소프트웨어를 사용하는 등으로 성능 향상을 도모합니다. 그리고 위에서 설명한 것처럼 설정 위젯이나 운용 관리 도구가 제공되어 손쉽게 설정할 수 있으므로, 서비스를 시작한 후에도 운용 관리가 쉽고 그 비용도 줄일 수 있습니다.

▦ 정해진 것만 할 수 있다

'손쉽게 도입할 수 있고, 저렴하면서도 성능이 뛰어난…'처럼 좋은 점만 가진 어플라이언스 서버지만 꼭 장점만 있는 것은 아닙니다. 어플라이언스 서버는 설정할 수 있는 범위가 결정되어 있기 때문에, 세세한 설정은 제한됩니다. 그리고 하드웨어 구성도 결정되어 있기 때문에 특정 부품만 업그레이드하기 어려우며, 소프트웨어 구성 또한 결정되어 있기 때문에 다른 용도의 서버로 사용할 수 없습니다.

어플라이언스 서버는 설정 화면을 이해하고 사용하기 쉽기 때문에, 같은 종류의 서버의 작동을 이해하는 데 효과적입니다.

플러스
1

● 어플라이언스 서버

어플라이언스 서버는 전용 하드웨어에 서버 OS와 서비스를 제공하는 소프트웨어가 처음부터 설치되어 있습니다.

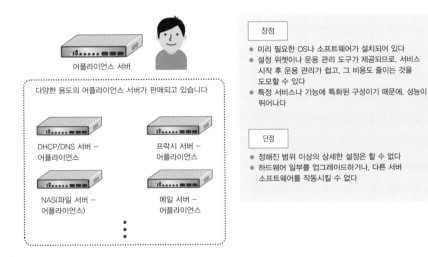

어플라이언스 서버

다양한 용도의 어플라이언스 서버가 판매되고 있습니다

DHCP/DNS 서버 – 어플라이언스

프락시 서버 – 어플라이언스

NAS(파일 서버 – 어플라이언스)

메일 서버 – 어플라이언스

장점

● 미리 필요한 OS나 소프트웨어가 설치되어 있다
● 설정 위젯이나 운용 관리 도구가 제공되므로, 서비스 시작 후 운용 관리가 쉽고, 그 비용도 줄이는 것을 도모할 수 있다
● 특정 서비스나 기능에 특화된 구성이기 때문에, 성능이 뛰어나다

단점

● 정해진 범위 이상의 상세한 설정은 할 수 없다
● 하드웨어 일부를 업그레이드하거나, 다른 서버 소프트웨어를 작동시킬 수 없다

● 범용 서버

지금까지 설명한 서버는 범용 서버입니다. 서버 OS를 설치하고 각 서비스를 제공하는 소프트웨어를 설치하면, 어떤 서버도 만들 수 있습니다. 일반적으로 사용하는 PC와 동일합니다.

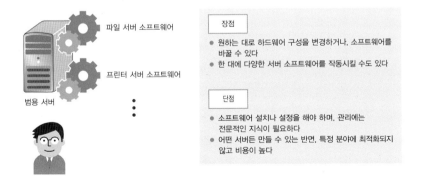

파일 서버 소프트웨어

프린터 서버 소프트웨어

범용 서버

장점

● 원하는 대로 하드웨어 구성을 변경하거나, 소프트웨어를 바꿀 수 있다
● 한 대에 다양한 서버 소프트웨어를 작동시킬 수도 있다

단점

● 소프트웨어 설치나 설정을 해야 하며, 관리에는 전문적인 지식이 필요하다
● 어떤 서버든 만들 수 있는 반면, 특정 분야에 최적화되지 않고 비용이 높다

관련
용어
방화벽 _ p.154 / 부하 분산 장치 _ p.146 / 파일 서버 _ p.92 / 프락시 서버 _ p.98 /
DHCP 서버 _ p.82 / DNS 서버 _ p.84

가상화의 장점을 활용할 것인가, 성능을 우선할 것인가

가상 어플라이언스 서버

서버 가상화 조류에 편승해 새롭게 생겨난 어플라이언스 서버가 물리 서버를 가상화한 '가상 어플라이언스 서버'입니다. 현재 전 세계에 존재하는 어플라이언스 서버의 대부분이 기반 OS로 리눅스 계열의 서버 OS나 윈도우 계열의 서버 OS를 사용하고 있으며, 그 위에서 특별히 코딩된 서비스를 작동시키거나 전용 하드웨어 처리를 호출함으로써 처리를 고속화/효율화합니다. 가상 어플라이언스 서버는 기반이 되는 OS나 서비스, 및 하드웨어 처리를 모두 가상화 소프트웨어 하이퍼바이저 위에서 수행합니다.

▌ 가상 어플라이언스 서버의 장점

가상 어플라이언스 서버의 장점은 뭐라해도 설치 공간이 필요하지 않다는 것입니다. 지금까지 어플라이언스 서버라고 하면, 랙 마운트형 서버와 마찬가지로 서버 랙에 설치하고 설치 공간을 차지하는 것이 당연했습니다. 가상 어플라이언스 서버는 가상화 소프트웨어의 하이퍼바이저 위에서 하나의 가상화 머신으로 작동시키기 때문에 설치 공간을 차지하지 않습니다. 설치 공간은 그 자체로 비용과 연결됩니다. 가상 어플라이언스 서버를 사용하면 설치 공간은 물론 비용도 절약할 수 있습니다.

▌ 가상 어플라이언스 서버의 단점

가상 어플라이언스 서버의 단점은 '처리 성능의 열화'입니다. 가상 어플라이언스 서버는 일단 가상화 소프트웨어 처리를 경유할 뿐만 아니라 물리 어플라이언스 서버가 처리를 고속화/효율화하기 위해 사용하는 하드웨어 처리를 소프트웨어 처리로 치환하기 때문에 처리 성능의 열화의 영향이 눈에 띄게 나타납니다. 그렇기 때문에 무턱대고 가상 어플라이언스 서버를 사용하는 것이 아니라, 예를 들어, 테스트 환경은 가상 어플라이언스 서버, 프로덕션 환경은 물리 어플라이언스 서버와 같이 적절히 함께 사용하는 것이 좋습니다.

그림과 작동 원리로 쉽게 이해하는 서버의 기초

서버뿐만 아니라 네트워크 기기도 가상화할 수 있습니다. 이러한 큰 흐름을 '네트워크 기능 가상화(NFV: Network Function Virtualization)'라 부릅니다.

● 어플라이언스 서버도 가상화. 물리 서버와 가상 서버를 적절하게 함께 사용

특정 기능에 특화한 어플라이언스 서버도 가상화로 제공할 수 있게 됐습니다. 장점과 단점을 파악하고 적절하게 나눠서 사용합니다.

물리 어플라이언스 서버와 가상 어플라이언스 서버의 차이

현재 물리 어플라이언스 서버는 대부분의 제품이 다음과 같이 구성되어 있습니다.

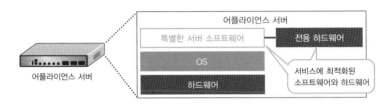

이 중에서 OS와 소프트웨어 부분을 가상화 소프트웨어로 작동시킨 것이 가상 어플라이언스 서버입니다.

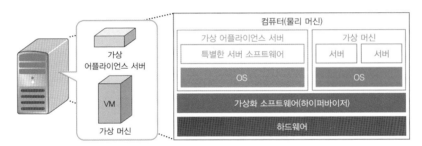

가상 어플라이언스 서버의 특징

장점

- 가상화 소프트웨어상에서 하나의 가상 머신으로 작동하기 때문에, 설치 공간이 필요 없다
- 전용 하드웨어가 필요하지 않으므로, 물리 어플라이언스 서버보다 저렴한 비용으로 도입할 수 있다

단점

- 물리 어플라이언스가 최적화된 하드웨어에서 작동하는 것에 비해, 범용 하드웨어에서의 가상화 소프트웨어에서 작동하기 때문에 처리 성능이 떨어진다

테스트 환경은 가상 어플라이언스 서버, 프로덕션 환경은 물리 어플라이언스 서버와 같이 용도에 맞춰 구분해서 사용하는 것이 좋습니다.

관련 용어   어플라이언스 서버 _ p.74 / 리눅스 계열 서버 OS _ p.72 / 윈도우 계열 서버 OS _ p.72

Ansible을 사용한 서버 관리 자동화

과거 서버는 한대 한대 로그인해서 설정을 변경하거나, 소프트웨어 버전을 업데이트하는 등으로 관리하는 형태가 기본이었습니다. 하지만 최근 서버 가상화나 컨테이너화, 클라우드화 등이 급속하게 진행되어 관리해야만 하는 서버의 수가 급격하게 증가했으며, 그 결과 이 전통적인 관리 방법은 한계에 부딪혔습니다. 이런 상황에서, 주목을 받는 도구가 구성 관리 도구configuration management tools입니다.

구성 관리 도구는 이름 그대로, 서버의 설정이나 소프트웨어 등의 구성을 관리하기 위한 도구입니다. 구성 관리 도구를 사용하면 이제까지 일일이 수동으로 수행했던 설정 변경을 자동화하거나, 설정 내용을 코드로 관리할 수 있기 때문에 부하가 됐던 대량의 서버 관리 업무를 원만하고도 균일하게 수행할 수 있게 됩니다.

구성 관리 도구 중에서도 가장 많이 사용되는 것이 레드햇에서 개발한 오픈 소스 소프트웨어인 앤서블Ansible입니다. 한동안 셰프Chef 또는 퍼펫Puppet 같은 다양한 구성 관리 도구가 다툼을 벌였지만 결과적으로는 앤서블 하나로 통일됐습니다. 앤서블은 단순함(설정 정보가 단순해서 이해하기 쉬움), 에이전트리스agentless(관리 대상 서버에 관리용 에이전트 소프트웨어를 설치할 필요가 없음), 강력함(다양한 레이어의 다양한 제품을 조작할 수 있음)과 같은 특징을 가지고 있기 때문에 손쉽게 도입할 수 있어, 단숨에 인프라스트럭처 분야에 퍼졌습니다.

앤서블은 앤서블을 설치한 뒤 인벤토리inventory와 플레이북playbook이라는 두 가지 파일만 준비하면 작동합니다. 인벤토리는 조작할 서버를 리스트로 기재한 파일입니다. 플레이북은 그 서버에서 실행하고 싶은 처리의 흐름을 YAML 형식으로 기재한 파일입니다. 이 두 가지 파일을 명령어에 인수로 지정하면, 인벤토리에 지정된 서버에 연결하고, 플레이북에 기재된 순서로 처리를 실행합니다.

4

사내 서버 기본

사내의 클라이언트에 대해 서비스를 제공하는 서버를 '사내 서버'라 부릅니다. 이번 장에서는
사내 서버의 배치와 대표적인 사내 서버의 역할에 관해 설명합니다.

 01 사내 서버 배치

사내 서버란 온프레미스인 경우 LAN, 또는 클라우드에 배치해 사내 클라이언트에 서비스를 제공하는 서비입니다. LAN과 클라우드, 어디에 어떤 서버를 배치할지는 서버의 용도나 역할, 자사의 운영 관리 능력, 비용 등 다양한 요소를 고려해 결정합니다.

▮ LAN 안에 배치하는 서버

파일 공유에 사용하는 파일 서버나 액티브 디렉터리[Active Directory] 서비스에 사용하는 도메인 컨트롤러 등 LAN 안에서 통신이 완결되는 사내 서버는 LAN 안에 배치하는 경우가 많습니다. LAN에 배치하면 하드웨어 및 하드웨어를 위한 공간이나 케이블 배치 등 여러 가지로 수고가 듭니다. 그러나 유한한 인터넷 회선 대역(용량)을 절약할 수 있으며, 클라우드 서비스에 드는 운영 비용[running cost]도 절약할 수 있는 등 전체적으로 균형을 갖춘 운용 관리 수준을 유지할 수 있습니다.

▮ 클라우드에 배치하는 사내 서버

메일을 처리하는 메일 서버나 웹 접근 처리를 대리하는 프락시 서버 등 인터넷과 통신하는 사내 서버는 클라우드에 배치해도 좋을 것입니다. 클라우드상에 서버를 배치하면 모든 클라이언트와 서버 사이의 통신이 인터넷 회선을 경유하게 되므로, 인터넷 회선 대역을 압박할 가능성이 있습니다. 하지만 절대로 중단되어서는 안 되는 중요한 서버의 관리를 클라우드 사업자에게 맡길 수 있으며, 설령 사무실에 재해가 발생해도 클라우드상에 있기 때문에 계속해서 서비스를 제공할 수 있습니다.

그럼 사내 서버를 클라우드상에 배치할 때, '반드시'라 말해도 좋을 만큼 고려해야 할 문제가 '보안'입니다. 클라우드상의 서버를 사용할 때는 통신을 암호화하거나, LAN과 클라우드 경계를 VPN[Virtual Private Network]이라 불리는 가상 전용선으로 연결하는 등의 방법을 통해 보안을 유지할 수 있습니다.

LAN 안에 서버를 배치할 때는 서버용 네트워크를 만들고, 해당 네트워크만 높은 성능의 네트워크 기기를 사용해 구성합니다. **플러스 1**

● **LAN 안에서 통신을 완료하는가? 인터넷과 통신하는가?**

사내 서버는 사내 클라이언트에 서비스를 제공하는 서버입니다. LAN 안에 배치하는 경우와 클라우드에 배치하는 경우가 있습니다.

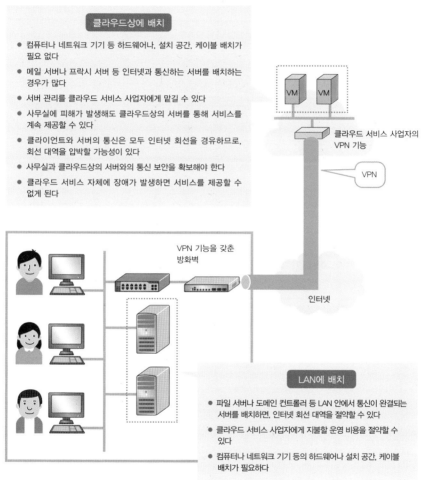

클라우드상에 배치

- 컴퓨터나 네트워크 기기 등 하드웨어나, 설치 공간, 케이블 배치가 필요 없다
- 메일 서버나 프락시 서버 등 인터넷과 통신하는 서버를 배치하는 경우가 많다
- 서버 관리를 클라우드 서비스 사업자에게 맡길 수 있다
- 사무실에 피해가 발생해도 클라우드상의 서버를 통해 서비스를 계속 제공할 수 있다
- 클라이언트와 서버의 통신은 모두 인터넷 회선을 경유하므로, 회선 대역을 압박할 가능성이 있다
- 사무과 클라우드상의 서버와의 통신 보안을 확보해야 한다
- 클라우드 서비스 자체에 장애가 발생하면 서비스를 제공할 수 없게 된다

LAN에 배치

- 파일 서버나 도메인 컨트롤러 등 LAN 안에서 통신이 완결되는 서버를 배치하면, 인터넷 회선 대역을 절약할 수 있다
- 클라우드 서비스 사업자에게 지불할 운영 비용을 절약할 수 있다
- 컴퓨터나 네트워크 기기 등의 하드웨어나 설치 공간, 케이블 배치가 필요하다

 각 사내 서버들의 역할 등은 이번 장에서 설명합니다.

81

관련 용어 도메인 컨트롤러 _ p.88 / 메일 서버 _ p.100 / 액티브 디렉터리 도메인 서비스 _ p.90 / 클라우드 서비스 _ p.58 / 파일 서버 _ p.92 / 프락시 서버 _ p.98 / VPN 연결 _ p.132

02 DHCP 서버의 역할

DHCP 서버는 네트워크에 관련된 설정 정보를 HDCP 클라이언트에 배포하는 서버입니다.

컴퓨터에 IP 주소를 할당하는(설정하는) 방법에는 정적 할당[static allocation]과 동적 할당[dynamic allocation]이 있습니다. 정적 할당은 수동으로 IP 주소를 설정하는 방법입니다. 서버나 네트워크 기기 등 동일한 IP 주소를 계속 사용해야 하는 기기에서 사용합니다. 이에 비해 동적 할당은 서버가 클라이언트에 대해 IP 주소나 서브넷 마스크, 기본 게이트웨이 등 네트워크에 관련된 설정 정보를 배포하고, 자동으로 설정하는 방법입니다. 회사의 LAN 등 IP 주소를 설정해야만 하는 컴퓨터가 다수 존재하는 네트워크 환경에서 사용합니다. 동적 할당으로 IP 주소를 배포할 때 사용하는 프로토콜이 DHCP[Dynamic Host Configuration Protocol]입니다. DHCP를 사용하면, 번잡하기 쉬운 IP 주소의 관리를 쉽게 할 수 있을 뿐만 아니라, 잘못되기 쉬운 IP 주소를 원활하게 설정할 수 있습니다.

▌ 주소 풀에서 IP 주소를 배포한다

DHCP 서버를 구축할 때는 먼저 클라이언트에 배포할 IP 주소의 범위(주소 풀[address pool])와, 그에 맞춰 배포할 설정 정보, 유효 기간(임대 시간)을 설정합니다. 계속해서 클라이언트에 배포해서는 안 되는 IP 주소(예외 IP 주소)를 설정합니다. DHCP 서버는 DHCP 클라이언트가 네트워크에 연결하면, 주소 풀 안에서 사용되지 않은 IP 주소를 배포합니다. 설정 정보를 받은 클라이언트는 임대 시간이 경과하거나, 네트워크에서 연결이 끊어지면 배포된 설정 정보를 반환합니다.

DHCP 서버는 가정이나 SOHO 등 소규모 네트워크 환경이라면 서버를 준비할 필요 없이, Wi-Fi 라우터나 방화벽의 DHCP 서비스를 사용하는 경우가 많을 것입니다. 그 이상의 규모를 가진 네트워크 환경에서는 일반적으로 서버 또는 전용 어플라이언스를 사용합니다. 현재의 OS는 모두 DHCP 기능을 가지고 있으며, 기본적으로 활성화되어 있습니다.

● IP 주소 할당은 두 종류

네트워크에 접속하는 컴퓨터(프린터나 라우터 등도 포함)에는 IP 주소를 할당해야 합니다. 두 가지 할당 방법이 있습니다.

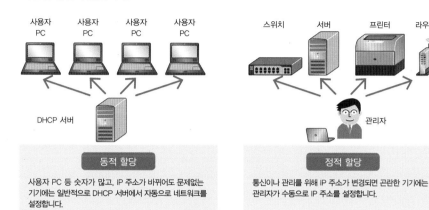

동적 할당

사용자 PC 등 숫자가 많고, IP 주소가 바뀌어도 문제없는 기기에는 일반적으로 DHCP 서버에서 자동으로 네트워크를 설정합니다.

정적 할당

통신이나 관리를 위해 IP 주소가 변경되면 곤란한 기기에는 관리자가 수동으로 IP 주소를 설정합니다.

● DHCP 서버 설정

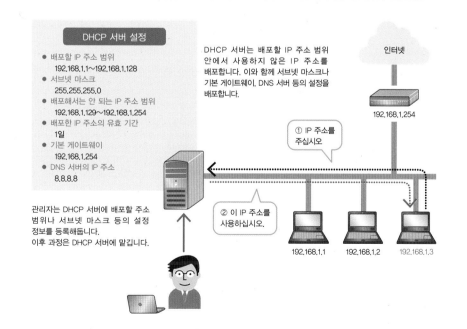

DHCP 서버 설정

- 배포할 IP 주소 범위
  192.168.1.1~192.168.1.128
- 서브넷 마스크
  255.255.255.0
- 배포해서는 안 되는 IP 주소 범위
  192.168.1.129~192.168.1.254
- 배포한 IP 주소의 유효 기간
  1일
- 기본 게이트웨이
  192.168.1.254
- DNS 서버의 IP 주소
  8.8.8.8

DHCP 서버는 배포할 IP 주소 범위 안에서 사용하지 않은 IP 주소를 배포합니다. 이와 함께 서브넷 마스크나 기본 게이트웨이, DNS 서버 등의 설정을 배포합니다.

인터넷

192.168.1.254

① IP 주소를 주십시오

② 이 IP 주소를 사용하십시오.

관리자는 DHCP 서버에 배포할 주소 범위나 서브넷 마스크 등의 설정 정보를 등록해둡니다.
이후 과정은 DHCP 서버에 맡깁니다.

192.168.1.1   192.168.1.2   192.168.1.3

관련 용어 기본 게이트웨이 _ p.44 / 서브넷 마스크 _ p.38 / 어플라이언스 서버 _ p.74 / DNS 서버 _ p.84 / IP 주소 _ p.38

DNS 서버의 역할

인터넷에서는 컴퓨터를 식별하기 위해 IP 주소를 사용합니다. 하지만 IP 주소는 '10.1.1.1'과 같이 숫자를 나열한 것이므로, 숫자만 보면 무엇에 사용되는지, 무엇을 의미하는지 알 수 없습니다. 그래서 인터넷에서는 IP 주소에 도메인명^{Fully Qualified Domain Name, FQDN}이라는 이름을 붙여 알기 쉽게 표기합니다. IP 주소와 도메인명을 상호 변환하는 구조를 DNS^{Domain Name System}라 부릅니다.

도메인명은 트리 구조로 되어 있다

도메인명은 'www.example.com'과 같이 점으로 구분된 문자열로 구성되어 있습니다. 이 문자 하나하나를 라벨이라 부릅니다. 그리고 오른쪽부터 순서대로 '톱 레벨 도메인', '2레벨 도메인', '3레벨 도메인'…이라 부르며, 가장 왼쪽이 호스트명입니다. 라벨은 '루트'를 꼭짓점으로 해서 톱 레벨 도메인, 2레벨 도메인, 3레벨 도메인…으로 나눠지는 트리 형태의 계층 구조가 되며, 오른쪽부터 왼쪽으로 라벨을 따라가면 대상 서버까지 도달할 수 있습니다.

DNS 서버는 두 종류이다

DNS 서버를 제공하는 서버를 DNS 서버라 부릅니다. DNS 서버는 캐시 서버와 콘텐츠 서버로 크게 나뉩니다. 캐시 서버는 LAN 안에 있는 클라이언트로부터 질의를 받아 인터넷으로 질의하는 DNS 서버입니다. 콘텐츠 서버는 외부의 컴퓨터로부터 자신이 관리하는 도메인에 관한 질의를 받는 DNS 서버입니다. 자기 도메인 안의 호스트명을 존 파일이라는 데이터베이스로 관리합니다. 클라이언트로부터 질의를 받은 캐시 서버는, 받은 도메인명의 계층을 오른쪽(루트)에서 순서대로 도달해, 해당 도메인명을 관리하는 콘텐츠 서버를 질의합니다. 해당 콘텐츠 서버에 도달하면 도메인명에 대응하는 IP 주소를 알 수 있습니다. 이런 작동을 이름 결정이라 부릅니다.

● IP 주소와 도메인명

IP 주소와 도메인명을 상호 변환하는 구조를 DNS라 부릅니다.

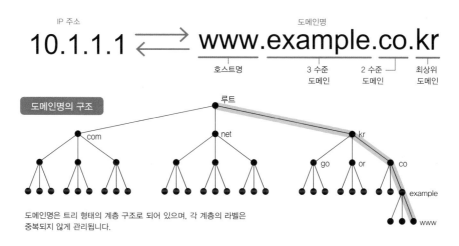

도메인명은 트리 형태의 계층 구조로 되어 있으며, 각 계층의 라벨은 중복되지 않게 관리됩니다.

웹브라우저를 사용해 인터넷에 접근할 때, 그 뒤에서는 DNS가 URL에 포함된 도메인을 IP 주소로 변환합니다.

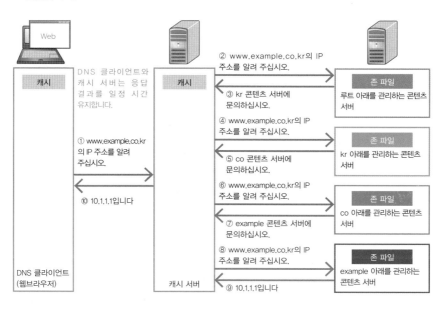

DNS 서버 다중화

DNS 서버는 인터넷을 지탱하는 중요한 서버입니다. DNS서버에서 도메인명에 대한 이름 결정을 수행하지 못하면 원하는 웹서버에 접근할 수 없습니다. 그래서 DNS 서버는 단일 구성이 아니라 기본적으로 프라이머리 DNS 서버primary DNS server와 세컨더리 DNS 서버secondary DNS server의 다중화 구성을 합니다. 4-03절에서 설명한 것처럼 DNS 서버는 캐시 서버와 콘텐츠 서버로 크게 나눕니다. 각각 다중화 방법이 다르므로 나누어서 설명합니다.

■ 캐시 서버 다중화

LAN에 배치한 캐시 서버는 클라이언트가 질의한 이름 결정 정보를 캐시(일시 보존)하기만 합니다. 따라서 프라이머리 DNS 서버와 세컨더리 DNS 서버에 따라 특히 다중화 설정을 할 필요는 없습니다. 미리 클라이언트 OS의 DNS 설정에서 프라이머리 DNS 서버와 세컨더리 DNS 서버를 지정하고, 클라이언트 측에서 다중화 처리를 수행합니다. 프라이머리 DNS 서버로부터 응답이 돌아오지 않으며, 세컨더리 DNS 서버에 질의해서 수정합니다.

■ 콘텐츠 서버 다중화

콘텐츠 서버는 도메인명에 관한 정보(존 파일)를 유지하는 중요한 서버입니다. 만약 프라이머리 DNS 서버가 중단되어도 세컨더리 DNS 서버에서 같은 정보를 반환하도록, 동일한 존 파일을 유지해야 합니다. 같은 존 파일을 유지하기 위한 기능이 존 전송입니다. 이것은 프라이머리 DNS 서버로부터 세컨더리 DNS 서버로 존 파일 사본을 전송하는 기능입니다. 정기적 또는 임의의 시점에 존 파일을 전송하고, 존파일을 동기화합니다. 그리고 한 계층 위에 있는 DNS 서버의 존 파일에는 프라이머리 DNS 서버와 세컨더리 DNS 서버 모두의 정보를 등록합니다. 이를 통해 두 DNS 서버 모두에서 대상이 되는 도메인명의 질의를 받을 수 있으며, 존 전송 결과에 따라 동일한 정보를 반환합니다.

콘텐츠 서버의 세컨더리 DNS 서버는 계약한 제공자가 서비스로 제공하는 경우가 있습니다. 이런 경우, 제공자의 DNS 서버로 존 전송을 합니다. **플러스 1**

● DNS 서버의 종류에 따라 배치 위치나 운영 방법이 달라진다

DNS 서버로 이름 결정을 하지 못하면 원하는 웹서버에 접근할 수 없습니다. 장애에 대비해 프라이머리 서버와 세컨더리 서버 2대를 준비합니다. 그리고 DNS 서버 종류에 따라 배치 위치나 운용 방법이 달라집니다

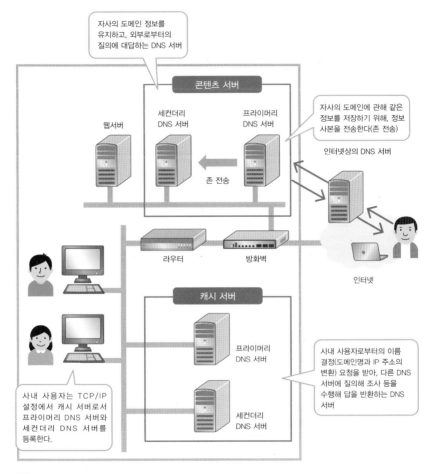

자사의 도메인 정보를
유지하고, 외부로부터의
질의에 대답하는 DNS 서버

콘텐츠 서버

세컨더리
DNS 서버

프라이머리
DNS 서버

웹서버

자사의 도메인에 관해 같은
정보를 저장하기 위해, 정보
사본을 전송한다(존 전송)

인터넷상의 DNS 서버

존 전송

라우터

방화벽

인터넷

캐시 서버

프라이머리
DNS 서버

세컨더리
DNS 서버

사내 사용자로부터의 이름
결정(도메인명과 IP 주소의
변환) 요청을 받아, 다른 DNS
서버에 질의해 조사 등을
수행해 답을 반환하는 DNS
서버

사내 사용자는 TCP/IP
설정에서 캐시 서버로서
프라이머리 DNS 서버와
세컨더리 DNS 서버를
등록한다.

 'DNS 서버'라고 해도 설정에 따라 완전히 다른 두 종류로 사용할 수 있으므로 유념하기
바랍니다.

작업 그룹과 액티브 디렉터리 도메인

윈도우에서는 윈도우 컴퓨터에서 만든 네트워크의 종류를 작업 그룹^{workgroup}과 액티브 디렉터리 도메인(AD 도메인)으로 분류합니다. 이 두 가지의 가장 큰 차이는 사용자 계정 관리 방법입니다. 작업 그룹은 각 윈도우 컴퓨터에서 사용자 계정을 분산 처리합니다. 한편 AD 도메인은 서버에서 사용자 계정을 일원화해서 관리합니다.

▐ 작업 그룹으로 초기 비용을 절감한다

작업 그룹은 가정이나 SOHO 등, 관리할 컴퓨터의 수가 적은 네트워크 환경에서 사용됩니다. 작업 그룹에서는 각 컴퓨터들이 해당 컴퓨터를 사용하는 사용자 계정을 가집니다. 작업 그룹은 컴퓨터 수와 사용자 수가 늘어나면, 점점 관리하기가 어려워지고 결과적으로 운영 비용이 많이 드는 경향을 보입니다. 하지만 별도의 서버를 준비할 필요가 없으므로, 초기 비용의 절감을 도모할 수 있습니다.

▐ AD 도메인으로 운영 비용을 절감한다

AD 도메인은 기업 및 조직 등 관리할 컴퓨터의 수가 많은 네트워크 환경에서 사용됩니다. AD 도메인에서는 윈도우 서버에 액티브 디렉터리 도메인 서비스를 설치한 도메인 컨트롤러^{Domain Controller}가 AD 도메인 안의 사용자 계정을 일괄적으로 갖고 있습니다. AD 도메인은 별도 서버를 제공해야 하므로 초기 비용이 많이 드는 경향을 보입니다. 그러나 컴퓨터 수나 사용자 수가 늘어나더라도 도메인 컨트롤러만 관리하면 되므로 운영 비용을 아낄 수 있습니다.

윈도우 컴퓨터는 기본값으로 'WORKGROUP'이라는 이름의 작업 그룹에 소속됩니다. 윈도우 컴퓨터가 AD 도메인에 참가할 때는 도메인 컨트롤러를 DNS 서버로서 설정하고, AD 도메인에 추가하기 위한 항목들을 설정합니다. 참가 설정을 하면 도메인 컨트롤러에 자동으로 로그온 처리가 수행됩니다.

AD 도메인을 관리하는 도메인 컨트롤러는 여러 대로 다중화하는 경우가 종종 있습니다. 다중화한 도메인 컨트롤러는 상호 정보를 동기화합니다.

플러스
1

그림과 작동 원리로 쉽게 이해하는 서버의 기초

● 윈도우 PC의 네트워크 종류

윈도우 PC에서 네트워크를 만드는 경우, 작업 그룹 또는 액티브 디렉터리 도메인(AD 도메인) 중
하나에 소속됩니다.

● 작업 그룹은 사용자 계정을 각 PC에서 관리

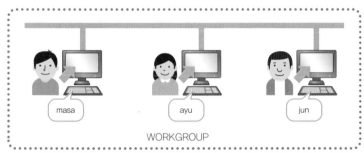

- 각자가 자신의 윈도우 PC를 사용할 수 있는 사용자 계정을 관리한다
- 모든 PC는 대등하게 각각 폴더의 공유 설정 등을 수행한다
- 서버는 필요 없다

● AD 도메인은 사용자 계정을 도메인 컨트롤러가 관리

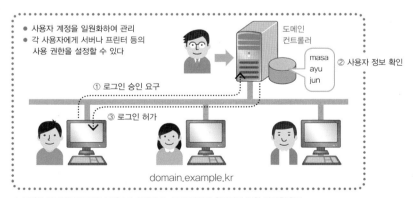

- 도메인 컨트롤러를 DNS 서버로서 설정하고, AD 도메인에 참가하기 위한 설정을 한다

관련
용어 액티브 디렉터리 도메인 서비스 _ p.90 / 윈도우 계열 서버 OS _ p.72 / DNS 서버 _ p.84

06 액티브 디렉터리 도메인을 구성하는 장점

액티브 디렉터리 도메인을 구성하기 위해 필요한 서비스가, 도메인 컨트롤러에서 실행하는 액티브 디렉터리 도메인 서비스입니다. 액티브 디렉터리 도메인 서비스는 사용자 계정이나 컴퓨터, 프린터 등 AD 도메인 안의 리소스를 일원화하여 관리할 수 있을 뿐만 아니라, 공유 리소스에 대한 접근 권한 설정을 효율화하거나 AD 도메인 안의 규칙을 통일하는 등 다양한 장점이 있기 때문에 많은 기업들에 도입되어 있습니다. 액티브 디렉터리 도메인 서비스는 Windows 2000 Server 이후의 윈도우 계열 서버 OS에서 사용할 수 있습니다.

▐ 접근 권한 설정 효율화

공유 폴더나 공유 프린터 등 공유 리소스에는 반드시 적절한 접근 권한을 설정합니다. 접근 권한 설정은 사용자가 적을 때는 사용자 계정별로 설정하면 되므로 특별한 노력이 들지 않습니다. 하지만 사용자가 많아질수록, 점점 번거로워지게 됩니다. 액티브 디렉터리 도메인 서비스에는 여러 사용자 계정을 하나로 모으는 그룹 계정이라는 기능이 있습니다. 그룹 계정을 사용하면, 그룹 계정별로 접근 권한을 설정할 수 있으며, 설정의 번거로움에서 해방됩니다.

▐ 그룹 정책으로 도메인 안의 규칙을 관리

도메인 컨트롤러가 가진 AD 도메인 안의 규칙을 그룹 정책group policy이라 부릅니다. 도메인 컨트롤러에서는 AD 도메인 안에서 'ㅇㅇ는 수행해도 된다', '××는 수행해서는 안 된다'와 같은 것을 설정할 수 있습니다. 회사나 학교에서 로그인할 때 정기적으로 비밀번호 변경을 요청하거나, 비밀번호의 문자 수를 일정 수 이상으로 요청하는 경우가 있을 것입니다. 이것은 그룹 정책이 사용자 로그인 시, 또는 컴퓨터 기동 시 등 특정 시점에서 적용되도록 되어 있기 때문입니다. 그룹 정책을 적용하면 AD 도메인 안의 규칙을 통일할 수 있어, 일정 보안 수준을 유지할 수 있습니다.

Windows 11 Home과 같은 가정용 윈도우 OS는 AD 디렉터리에 참가할 수 있습니다. AD 도메인을 구성할 때는 제공하는 PC의 OS도 고려해야 합니다. **플러스 1**

● 액티브 디렉터리는 사내 시스템 관리에 많은 장점을 갖습니다

액티브 디렉터리(AD)는 사용자나 컴퓨터, 프린터 등 네트워크상의 다양한 것에 관한 정보를 계층적으로 구조화해서 데이터베이스에서 관리합니다. AD에서의 도메인(AD 도메인)은 하나의 데이터베이스에서 관리되는 범위를 말합니다.

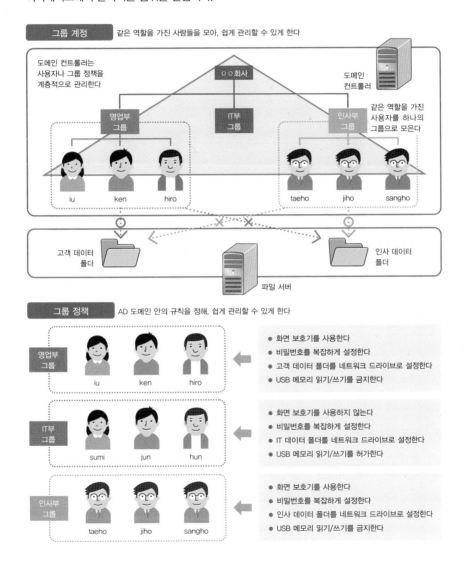

그룹 계정 같은 역할을 가진 사람들을 모아, 쉽게 관리할 수 있게 한다

도메인 컨트롤러는 사용자나 그룹 정책을 계층적으로 관리한다

○○회사

도메인 컨트롤러

같은 역할을 가진 사용자를 하나의 그룹으로 모은다

영업부 그룹 / IT부 그룹 / 인사부 그룹

iu ken hiro taeho jiho sangho

고객 데이터 폴더 / 인사 데이터 폴더

파일 서버

그룹 정책 AD 도메인 안의 규칙을 정해, 쉽게 관리할 수 있게 한다

영업부 그룹
iu ken hiro
- 화면 보호기를 사용한다
- 비밀번호를 복잡하게 설정한다
- 고객 데이터 폴더를 네트워크 드라이브로 설정한다
- USB 메모리 읽기/쓰기를 금지한다

IT부 그룹
sumi jun hun
- 화면 보호기를 사용하지 않는다
- 비밀번호를 복잡하게 설정한다
- IT 데이터 폴더를 네트워크 드라이브로 설정한다
- USB 메모리 읽기/쓰기를 허가한다

인사부 그룹
taeho jiho sangho
- 화면 보호기를 사용한다
- 비밀번호를 복잡하게 설정한다
- 인사 데이터 폴더를 네트워크 드라이브로 설정한다
- USB 메모리 읽기/쓰기를 금지한다

4 _ 서버 서비 기능

관련 용어 도메인 컨트롤러 _ p.88 / 액티브 디렉터리 도메인 _ p.88 / 윈도우 계열 서버 OS _ p.72

파일 서버의 역할

파일 서버는 LAN이나 WAN 등의 네트워크상에서 다른 컴퓨터와 파일을 공유하거나, 데이터를 전달하기 위해 사용하는 서버입니다. 파일 서버를 사용하면 여러 클라이언트가 하나의 파일을 다룰 때 발생하기 쉬운 업데이트 충돌을 방지할 수 있을 뿐만 아니라, 사내에서의 파일 전개나 공유를 원활하게 할 수 있습니다. 그리고 파일을 집중 관리함으로써 파일이 여러 대의 컴퓨터에 산재하는 상태를 방지할 수 있어, 데이터 유출의 가능성도 최소로 억제할 수 있습니다.

파일 서버에서 중요한 설정은 접근 권한과 쿼터quota입니다. 접근 권한은 누가(어떤 그룹이) 어떤 파일(디렉터리)에 어느 정도까지(모든 권한 / 업데이트 권한 / 읽기 권한 등) 접근할 수 있는지 설정합니다. 모든 파일에 보든 사람이 접근할 수 있는, 완전히 공개된 기업은 세상에 존재하지 않습니다. 파일 서버는 액티브 디렉터리와 연동해서 접근 권한을 설정함으로써, 정보 누출의 리스크를 줄이거나, 인위적인 실수를 방지합니다. 포크는 사용자가 사용하고 있는 디스크 용량을 감시하거나 제한하는 설정입니다. 아무리 용량이 큰 스토리지 드라이브를 장착한 서버라도, 데이터를 무한대로 저장할 수는 없습니다. 파일 서버는 액티브 디렉터리 등과 연동해 쿼터를 설정해 디스크 용량 부족을 피할 수 있습니다.

▌ NAS라는 선택지

파일 서버와 같은 역할을 하는 기기로 NAS^{Network Attached Storage}가 있습니다. NAS는 파일 서버의 기능에 특화된 어플라이언스 서버입니다. 스토리지 드라이브에 NIC가 장착된 것이라고 생각하면 쉽게 이해될 것입니다. NAS를 사용하면 OS나 소프트웨어를 설치할 필요가 없고, 간단하게 파일 공유 환경을 구축할 수 있습니다. 또한 최근의 NAS는 액티브 디렉터리와 연동할 수 있을 뿐만 아니라, 독자적인 캐시(일시 저장) 기능을 제공하거나, 원격지에 백업을 하는 기능을 제공하는 등 데이터 관리에 관한 만족감을 제공합니다.

윈도우 OS는 주로 SMB 프로토콜을, 리눅스OS는 주로 NFS 프로토콜을 사용해 파일을 공유합니다. 플러스
1

파일 서버의 작동

파일 서버를 사용하면 네트워크상의 여러 컴퓨터에서 파일을 공유하거나 전달할 수 있습니다.

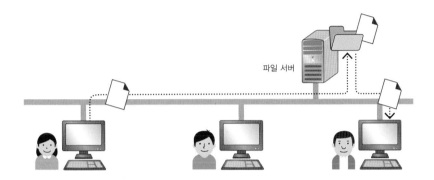

파일 서버

파일 서버의 기능	파일 서버의 장점
● 각 파일 서버에 대해 누가 어디까지 사용할 수 있는지 접근 권한을 설정할 수 있다 ● 각 폴더에 대해 사용자별로 저장할 수 있는 용량을 설정할 수 있다 ● 각 폴더에 대해 저장할 수 있는 파일의 종류를 제한할 수 있다	● 여러 서버에서 같은 파일을 다룰 때 발생하기 쉬운 업데이트 불일치를 방지한다 ● 사내에 파일을 원활히 배포할 수 있다 ● 파일을 집중 관리함으로써 백업이 편해진다. 또한 데이터 유출 가능성이 최소한으로 억제된다

NAS는 파일 서버의 기능에 특화된 제품

NAS는 파일 서버와 같은 기능을 제공할 뿐만 아니라, 독자적인 캐시 기능이나 백업 기능 등 편리하는 기능을 제공합니다.

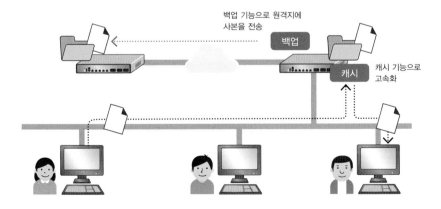

백업 기능으로 원격지에 사본을 전송

백업

캐시

캐시 기능으로 고속화

관련 용어   어플라이언스 서버 _ p.74 / 액티브 디렉터리 _ p.90

비밀번호 관리의 고민을 시스템으로 해결한다

08 SSO 서버의 역할

'SSO^Single Sign On'은 한 번의 사용자 인증으로 다양한 웹서비스에 접근할 수 있도록 하는 구조를 말합니다. SSO를 제공하는 서버를 'SSO 서버'라 부르며, 사용하는 서비스가 많은 기업 등에서 자주 사용됩니다. 여러분도 웹사이트에서 사용자명이나 비밀번호를 요청받으면 '아, 또 비밀번호가…'라고 귀찮게 생각한 적이 있을 것입니다. SSO는 다양한 서비스의 인증 처리를 모아서 수행함으로써 사용자를 복잡한 비밀번호 관리에서 해방시켜줍니다. 그리고 사용자명이나 접근 권한 등의 인증 정보를 일원화해서 관리할 수 있어 관리자가 수행하는 사용자 운용 관리도 단순해집니다.

SSO는 사내 서비스 인증을 수행하는 '에이전트 방식' 및 '리버스 프락시^reverse proxy 방식', 사내 서비스뿐만 아니라 사외 서비스도 포함해 인증을 수행하는 'SAML 방식'이 있습니다. 에이전트 방식은 시스템을 구성하는 서버에 인증용 에이전트 프로그램을 설치하고, 해당 프로그램을 경유해서 SSO 서버의 인증 정보를 전달합니다. 리버스 프락시 방식은 SSO 서버가 사용자의 인증 요구를 받으면, 인증 서버와의 인증 처리를 대행하고, 그 결과를 기반으로 뒷 단의 웹서버에 데이터를 중계합니다. SAML 방식은 여러 클라이언트 서비스에서 SSO를 적용할 때 사용합니다. 'IdP^Identity Provider'라 불리는 서버가 SSO와 같은 역할을 담당하고, 여기에서 인증에 성공하면 'SP^Service Provider'라 불리는 연동 서비스에도 인증이 없이 로그인할 수 있습니다.

▋ 다요소 인증으로 보안 수준을 향상한다

사용자의 사용성을 극적으로 향상시키는 SSO이지만, IT 업계에서는 편리성과 보안성은 상호 배타적인 관계 있음을 잊어서는 안됩니다. SSO는 SSO 서버(SAML인 경우 IdP)에 로그인하는 사용자명과 비밀번호가 생명선입니다. 이 두 가지가 유출되면 연동한 모든 서비스에 쉽게 접근할 수 있게 되어 보안이 완전히 무너집니다. 그래서 단순한 비밀번호 인증뿐만 아니라 SMS 인증이나 스마트폰 애플리케이션 인증 등을 조합한 '다요소 인증^multi-factor authentication'을 함께 검토해야 합니다.

그림과 작동 원리로 쉽게 이해하는 서버의 기초

대표적인 IdP는 Windows Server의 기능인 'ADFS', 대표적인 SP가 마이크로소프트의 'Microsoft 365'와 세일즈포스닷컴의 'Salesforce'입니다. **플러스 1**

● 싱글 사인 온(일회 인증)으로 다양한 시스템에 접근

SSO 서비스를 사용하면, 사용자는 비밀번호 관리에 고민하지 않을 수 있으며 관리자 역시 사용자 관리 작업이 매우 단순해집니다.

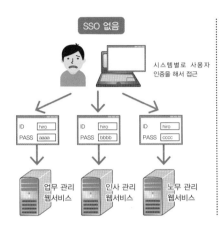

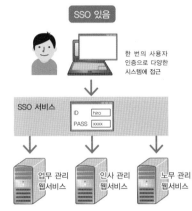

● 세 가지 SSO

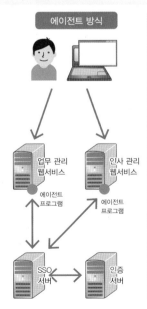

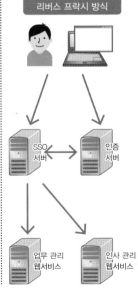

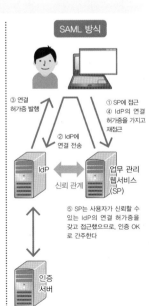

4 _ 서버 서버 기능

95

관련 용어   다요소 인증 _ p.106 / 비밀번호 인증 _ p.106 / 클라우드 서비스 _ p.58 / Web 서버 _ p.114

SIP 서버의 역할

SIP 서버는 'SIP^{Session Initiation Protocol}'라 불리는 프로토콜을 사용해 IP 전화의 호출 제어를 수행하는 서버입니다. '호출 제어'란 전화를 걸거나 끊는 처리를 말합니다. SIP 서버는 '레지스트라 서비스^{registrar service}', '로케이션 서비스^{location service}', '프락시 서비스^{proxy service}', '리다이렉트 서비스^{redirect service}'라는 네 가지 서비스를 연동해 작동하면서 호출 제어 처리를 실현합니다. 여기에서는 IP 전화를 사용할 때 최소한으로 필요한 '레지스트라 서비스', '로케이션 서비스', '프락시 서비스'에 관해 설명합니다.

▐ 전화를 걸기 전에 먼저 대응표를 만든다

레지스트라 서비스는 IP 전화를 등록하기 위한 서비스입니다. IP 전화로부터 등록 메시지를 받으면 IP 전화의 이름인 'SIP URI'와 IP 주소의 등록을 접수하고 그 정보를 로케이션 서비스에 전달합니다. 로케이션 서비스는 해당 정보를 바탕으로 SIP URI와 IP 주소의 대응표를 만듭니다. 대응표를 SIP 서버에 모음으로써 복잡해지기 쉬운 IP 전화 정보를 일원화하여 관리합니다.

▐ 대응표에서 상대방을 찾는다

프락시 서비스는 SIP 메시지를 적절한 상대에게 전송하기 위한 서비스입니다. IP 전화로 전화를 걸면, 프락시 서비스가 발신 알림 메시지를 받습니다. 프락시 서비스는 로케이션 서비스의 대응표를 검색하고, 해당 IP 주소에 발신 알림 메시지를 전송합니다. 상대가 수화기를 든 뒤에는 SIP 서버를 경유하지 않고, IP 전화끼리 직접 통화를 시작합니다. SIP 서버는 전화의 '따리리링~'과 같은 호출음을 전송하고, 연결될 때까지만 작동합니다. 임무를 마치면 다음은 IP 전화기에게 일임합니다. 그리고 IP 전화끼리 전달되는 통화 음성에서는 SIP가 아니라 'RTP^{Real-time Transfer Protocol}'라는 스트리밍 프로토콜을 사용합니다.

그림과 작동 원리로 쉽게 이해하는 서버의 기초

IP 전화에서 전달되는 데이터는 지연에 민감하며, 자주 끊어졌다 연결됐다를 반복합니다. 그래서 해당 데이터를 우선적으로 처리할 수 있도록, 네트워크 기기에서 QoS(우선 제어)를 설정합니다.   플러스 1

● SIP 서버는 IP 전화를 걸 때 사용한다

SIP 서버는 SIP라는 프로토콜을 사용해 IP 전화를 걸거나 끊을 수 있는 기능을 제공합니다. IP 전화를 사용할 수 있게 하기 위해서는 가장 먼저 레지스트라 서비스에 IP 전화기를 등록합니다.

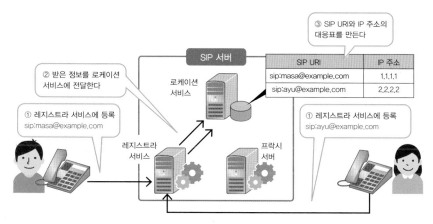

전화를 걸 때는 등록된 정보를 사용해 상대방의 전화를 호출합니다.

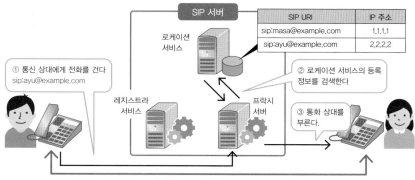

④ 통화는 IP 전화끼리 직접 수행한다

여기에서는 SIP 서버의 각 서비스를 각 서버로 나타냈지만, 일반적으로는 실제로 1대의 물리 서버 안에서 작동합니다.

관련 용어 프로토콜 _ p.30 / IP 주소 _ p.38

프락시 서버의 역할

프락시 서버에서 프락시proxy는 영어로 '대리'라는 의미입니다. 프락시 서버는 이름 그대로, 클라이언트로부터 인터넷에 대한 통신을 대리로 수행하는 서버입니다. 클라이언트의 통신을 우선 받아, 클라이언트를 대신해 인터넷에 접근합니다. 사람에 따라 프락시 서버 또는 캐시 서버라고 부르기도 합니다. 프락시 서버를 도입하면 인터넷에 대한 통신을 일원화해 관리할 수 있게 되고, 그 통신을 효율화할 수 있어서 여러 기업에 도입되어 있습니다.

과거의 프락시 서버는 자주 보여지는 웹사이트의 데이터를 일시적으로 담아두고 클라이언트에 반환하는 캐시 기능을 주로 사용했습니다. 캐시 기능은 한정된 인터넷 회선 대역(용량)을 효율적으로 사용할 수 있기 때문에, 회선 대역이 좁은 환경에서도 일정 이상의 효과를 발휘했습니다. 그러나 최근에는 캐시 기능의 효과가 거의 없는 동적 웹페이지가 많아지고 회선 대역 자체도 커졌기 때문에, 굳이 이런 목적만을 위해 프락시 서버를 도입하는 일은 거의 사라졌습니다.

▓ 보안 기능 강화

최근의 프락시 서버는 'URL 필터링', '안티 바이러스' 등 보안 기능을 강화하면서 계속 진화하고 있습니다. URL 필터링은 접근할 수 이는 사이트를 제한하는 기능입니다. 프락시 서버는 다양한 사이트의 URL을 카테고리별로 분류하고, 데이터베이스로서 저장합니다. 예를 들어, '위법성/범죄성이 높은 사이트', '성인 사이트' … 와 같은 느낌입니다. 프락시 서버는 클라이언트가 접근하고자 하는 URL을 보고, 데이터베이스와 대조해 접근 허가/거부를 판단합니다. 그리고 안티 바이러스는 바이러스 대책 기능입니다. 프락시 서버는 바이러스 대책 소프트웨어의 정책 파일과 같은 것을 '시그니처'로 저장합니다. 프락시 서버는 클라이언트가 전달하는 파일을 일단 내부에서 전개한 뒤, 시그니처와 대조합니다.

그림과 작동 원리로 쉽게 이해하는 서버의 기초

마이크로소프트의 Microsoft 365는 인터넷상의 서버에 대해 대량으로 접근하기 때문에, 프락시 서버를 통하지 않도록 네트워크 기기에서 제어하기도 합니다.

플러스
1

● **과거의 프락시 서버의 역할**

프락시 서버는 클라이언트로부터의 인터넷에 대한 통신을 대리하는 서버입니다.

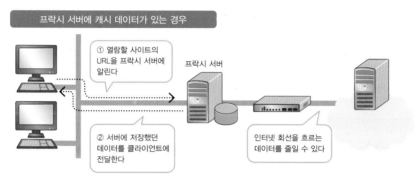

프락시 서버에 캐시 데이터가 있는 경우

① 열람할 사이트의 URL을 프락시 서버에 알린다

프락시 서버

② 서버에 저장했던 데이터를 클라이언트에 전달한다

인터넷 회선을 흐르는 데이터를 줄일 수 있다

프락시 서버에 캐시 데이터가 없을 때는 ①에서 클라이언트로부터 전달받은 URL에 프락시 서버가 접근해, 데이터를 얻습니다. 그리고 얻은 데이터를 클라이언트에 반환합니다.

● **최근의 프락시 서버의 역할**

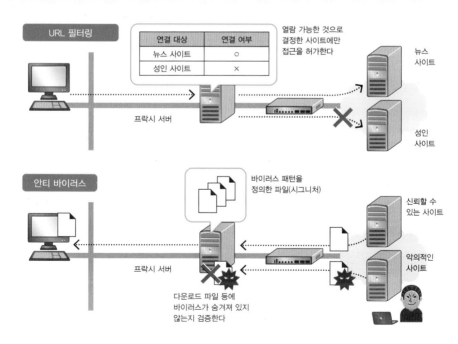

URL 필터링

연결 대상	연결 여부
뉴스 사이트	○
성인 사이트	×

열람 가능한 것으로 결정한 사이트에만 접근을 허가한다

뉴스 사이트

프락시 서버

성인 사이트

안티 바이러스

바이러스 패턴을 정의한 파일(시그니처)

신뢰할 수 있는 사이트

프락시 서버

악의적인 사이트

다운로드 파일 등에 바이러스가 숨겨져 있지 않는지 검증한다

관련 용어　데이터베이스 _ p.126 / 차세대 방화벽 _ p.162 / URL _ p.116

송신 메일 서버의 역할

메일 서비스도 인터넷을 지탱하는 중요한 서비스의 하나입니다. 메일 서비스를 제공하는 서버를 '메일 서버'라 부릅니다. 메일 서버에는 메일을 배송하는 'SMTP 서버'와, 사용자에게 메일을 전달하는 'POP 서버', 'IMAP 서버'가 있습니다.

SMTP 서버는 'SMTP^Simple Mail Transfer Protocol'라는 프로토콜을 사용해 메일을 배송하는 서버입니다. SMTP 서버는 메일 소프트웨어로부터 메일 데이터를 받으면, 수신 메일 주소의 @ 기호 뒤에 기술되어 있는 도메인명을 보고, DNS에서 해당 도메인명의 SMTP 서버를 찾습니다. DNS에서 해당 도메인명의 SMTP 서버의 IP 주소를 알았다면, 해당 IP 주소에 대해 메일 데이터를 송신합니다. 여기에서의 SMTP 서버는 우체통을 떠올리면 이해하기 쉬울 것입니다. SMTP 서버라는 우체통에 편지를 넣으면, 다음은 네트워크라는 우편 배달 차량이 배송해줍니다.

메일을 받은 수신 측의 SMTP 서버는 수신 메일 주소의 @ 기호 앞에 기술된 사용자명을 보고, 사용자별로 준비되어 있는 저장 영역인 '메일 박스'에 메일 데이터를 분배하고 저장합니다. 메일 박스는 우체국의 개인 사서함을 떠올리면 이해하기 쉬울 것입니다. 여기까지 SMTP 서버의 역할입니다. 이 시점에서는 아직 상대방에게 메일이 도착하지 않은 상태입니다.

■ SMTP의 보안 대책

SMTP는 기본적으로 인증 기능이나 암호화 기능을 갖고 있지 않습니다. 그렇기 때문에 누군가로 위장해 메일 서버에 메일을 보낼 수 있으며, 도중에 메일을 감청이나 변조하려고 마음 먹으면 그렇게 할 수 있습니다. 그래서 확장 기능으로 제공되는 것이 'SMTP-AUTH(AMTP 인증)'과 'SMTPS^SMTP over SSL'입니다. SMTP-AUTH는 사용자가 메일을 송신하기 전에 사용자명과 비밀번호로 인증하는 기능입니다. SMTPS는 SMTP를 'SSL/TLS'로 암호화하는 기능입니다.

SMTPS는 'STARTTTLS'라는 확장 기능으로 송수신지가 모두 SMTPS에 대응하는 것을 확인한 뒤 인증 및   플러스
암호화합니다.   1

● **메일 송신 흐름**

SMTP 서버는 SMTP라는 프로토콜을 사용해서 메일을 송신하는 서버입니다. 자사의 SMTP 서버는 메일을 받으면, 이번에는 SMTP 클라이언트가 되어 수신 상대의 SMTP 서버로 메일을 송신합니다.

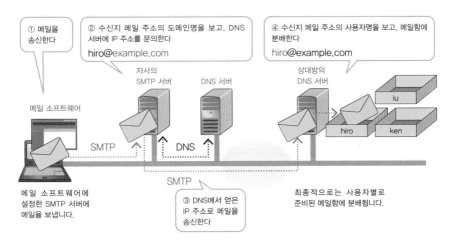

① 메일을 송신한다

② 수신지 메일 주소의 도메인명을 보고, DNS 서버에 IP 주소를 문의한다
hiro@example.com

④ 수신지 메일 주소의 사용자명을 보고, 메일함에 분배한다
hiro@example.com

메일 소프트웨어

자사의 SMTP 서버   DNS 서버   상대방의 DNS 서버

iu   hiro   ken

SMTP   DNS   SMTP

메일 소프트웨어에 설정한 SMTP 서버에 메일을 보냅니다.

③ DNS에서 얻은 IP 주소로 메일을 송신한다

최종적으로는 사용자별로 준비된 메일함에 분배됩니다.

● **SMTP의 보안 기능**

SMTP는 기본적으로 암호화 기능이나 인증 기능을 갖고 있지 않으므로 SMTP-AUTH나, SMTPS라는 확장 기능을 사용해 보안을 확보합니다.

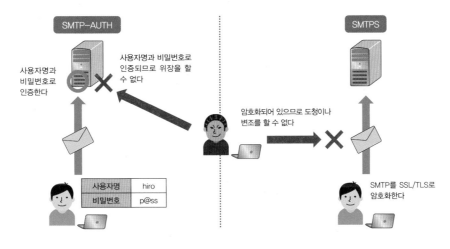

SMTP-AUTH

SMTPS

사용자명과 비밀번호로 인증한다

사용자명과 비밀번호로 인증되므로 위장을 할 수 없다

암호화되어 있으므로 도청이나 변조를 할 수 없다

사용자명	hiro
비밀번호	p@ss

SMTP를 SSL/TLS로 암호화한다

4_ 사내 서버 기본

서버에 보관하고 있는 메일을 사용자에게 전달한다

수신 메일 서버의 역할

'메일 박스'라는 사서함에 들어있는 메일을 사용자에게 전달하는 서버가 'POP 서버'와 'IMAP 서버'입니다. 마지막에 사용자에게 메일을 전달하는 것은 SMTP 서버가 아니라 POP/IMAP 서버입니다. POP/IMAP 서버는 메일 소프트웨어로부터 '내 메일을 주십시오'라는 요청을 받으면 'POP^Post Office Protocol' 또는 'IMAP^Internet Message Access Protocol'이라는 프로토콜을 사용해 메일을 전달합니다.

메일 구조에서 마지막 부분만 다른 프로토콜을 사용하는 것에는 명확한 이유가 있습니다. SMTP는 데이터를 송신하고자 할 때 송신하는 '푸시 타입' 프로토콜입니다. 푸시 타입 프로토콜은 전원이 항상 켜져 있는 서버에 대한 통신이나 서버 사이의 통신이라면 실시간으로 데이터를 전송할 수 있습니다. 하지만 사용자 PC의 전원이 항상 켜져 있으리라고는 단언할 수 없습니다. 그래서 전원이 켜져 있는 상태에서 원할 때만 메일 박스의 메일을 다운로드할 수 있도록, 가장 마지막 수신만은 '풀 타입'의 프로토콜을 사용합니다. 메일 소프트웨어는 수동 또는 정기적으로 POP/IMAP 서버에 '내 메일을 주십시오'라고 요청합니다. POP/IMAP 서버는 메일 소프트웨어 받은 사용자명과 비밀번호를 인증하고, 인증에 성공하면 메일 박스로부터 메일을 꺼내 전송합니다.

📧 POP 서버와 IMAP 서버

POP 서버와 IMAP 서버는 메일을 메일 박스에서 꺼내는 역할을 하는 점은 같지만, 메일 데이터를 관리하는 방법에 차이가 있습니다. POP 서버의 메일 데이터는 메일 소프트웨어에 다운로드 되고, 메일 소프트웨어에서 관리됩니다. 한편, IMAP 서버의 메일 데이터는 메일 소프트웨어에 다운로드되지 않고 메일 서버에서 관리됩니다. 또한, 두 서버 모두 기본적으로는 암호화 기능을 제공하지 않으므로, SSL/TLS로 암호화한 'POPS^POP over SSL/TLS'와 'IMAPS^IMAP over SSL/TLS'로 보안을 확보합니다.

그림과 작동 원리로 쉽게 이해하는 서버의 기초

Gmail이나 Naver 메일을 시작으로 하는 웹 메일은, 웹 메일 서버를 통해 HTTPS로 메일 서버상의 메일을 열람하거나 메일을 송신합니다.

플러스
1

● 메일 수신 흐름

POP/IMAP 서버는 POP와 IMAP이라는 프로토콜을 사용해 사용자에게 메일을 전달하는 서버입니다. 사용자는 메일 박스라는 사서함에 들어있는 자신의 메일을 받습니다.

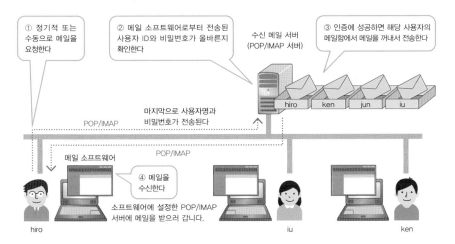

메일은 SMTP에서 메일 박스에 전달되고, POP/IMAP으로 메일 박스에서 전달되는 구조로 되어 있습니다.

● POP와 IMAP

POP와 IMAP은 메일 데이터를 관리하는 위치가 다릅니다. POP는 메일 데이터를 메일 소프트웨어에 다운로드하고, 메일 소프트웨어상에서 관리합니다. IMAP은 메일 데이터를 메일 소프트웨어에 다운로드하지 않고 메일 서버상에서 관리합니다.

프로토콜	POP	IMAP
메일 데이터 관리 위치	메일 소프트웨어	메일 서버
암호화 기능	POPS	IMAPS
대표적인 장점	서버의 스토리지 영역을 절약할 수 있다.	여러 단말에서 메일을 볼 수 있다.
대표적인 단점	한 대의 단말에서만 메일을 볼 수 있다.	서버 저장 영역을 압박한다.

관련 용어 프로토콜 _ p.30 / SMTP 서버 _ p.100 / SSL/TLS _ p.118

13

메일 서비스, 그룹웨어 서비스를 제공한다

Microsoft Exchange Server의 역할

Microsoft Exchange Server는 메일 서비스와 그룹웨어 서비스를 통합 제공하는 마이크로소프트의 서버 소프트웨어입니다. 메일뿐만 아니라 캘린더나 태스크, 연락처 관리 등 다양한 서비스를 통합적으로 제공하며 마이크로소프트 제품을 사용하는 기업에서 널리 사용되고 있습니다. Exchange Server에는 Exchange Server 2013, Exchange Server 2016, Exchange Server 2019 등 몇 가지 버전이 있습니다. 이 책에서는 Exchange Server 2019를 예로 들어 설명합니다.

클라이언트 접근 서비스와 백엔드 서비스

Exchange Server 2019의 서버(메일 박스 서버)에서는 '클라이언트 접근 서비스'와 '백엔드 서비스'가 작동합니다. 클라이언트 접근 서비스는 PC(Outlook / Outlook on the Web)나 스마트폰, 태블릿(Outlook 모바일 애플리케이션 / Exchange ActiveSync) 등 다양한 클라이언트의 요청을 대신 받아, 액티브 디렉터리에서 사용자를 인증한 뒤, 백엔드 서비스로 전송합니다. 백엔드 서비스는 받은 요청을 기반으로 메일을 메일 박스에 저장하거나, 일정을 등록하는 등 다양한 처리를 합니다.

클라우드 환경에서의 Exchange Server

Microsoft Exchange Server는 마이크로소프트가 제공하는 클라우드 서비스 'Microsoft 365'의 Exchange Online에서도 사용할 수 있습니다. Exchange Online은 클라우드 환경으로만 구성할 수 있을 뿐만 아니라, 온프레미스 환경과 연동한 하이브리드 클라우드 구성도 가능하기 때문에 다양한 요건에 유연하게 대응할 수 있습니다. 그리고 하이브리드로 구성할 때는 몇 가지 전제 조건이 있습니다. 인터넷에 공개되어 있는 매뉴얼 등을 참고해 구축하기 바랍니다.

Microsoft 365는 정보 공유 서비스인 'SharePoint Online', 커뮤니케이션 도구인 'Microsoft Teams' 등으로 구성된 클라우드 서비스입니다.

플러스 1

그림과 작동 원리로 쉽게 이해하는 서버의 기초

● 메일이나 캘린더, 연락처, 태스크 등 업무에서 사용하는 서비스를 통합 제공

Microsoft Exchange Server는 메일 서비스, 그룹웨어 서비스를 제공하는 마이크로소프트의 온프레미스 제품입니다. 해당 서비스의 클라우드 버전은 Microsoft 365의 Exchange Online입 니다.

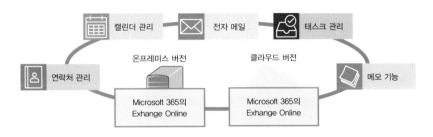

● 클라이언트 접근 서비스와 백엔드 서비스로 구성되어 있다

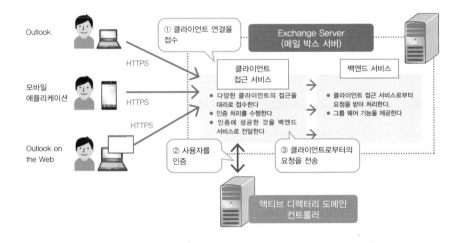

● 하이브리드로도 구성할 수 있다

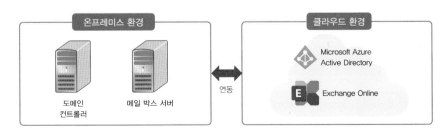

관련 용어　액티브 디렉터리 _ p.90　/　온프레미스 타입 _ p.56　/　클라우드 타입 _ p.56　/ 하이브리드 클라우드 타입 _ p.56　/　HTTPS _ p.118　/　SaaS _ p.58

비밀번호에만 의존할 수 없다

세상에 가장 널리 보급되어 있는 보안이라고 하면 사용자 ID와 비밀번호로 사용자 인증을 수행하는 '비밀번호 인증'입니다. 비밀번호 인증은 SNS나 온라인 게임 사이트 등 다양한 곳에서 사용되고 있습니다. 비밀번호 인증의 가장 큰 장점은 '편리함'입니다. 사용자 ID와 비밀번호만 기억하면 어떤 컴퓨터에서도 로그인할 수 있습니다.

하지만 이 편리함은 동시에 단점이 되기도 하므로 주의해야 합니다. 어디서든 통하는 말이지만 편리함과 보안은 동전의 양면임을 생각해야 합니다. 사용자 ID와 비밀번호도 결국은 단순한 문자열입니다. 사용자 ID와 비밀번호만 알면 누구가 그 사람처럼 위장해서 로그인을 할 수 있게 됩니다. 그래서 최근에는 비밀번호 인증에 다른 방식을 조합해서 보안의 강도를 높이는 '다요소 인증'을 많이 사용합니다. 구체적으로는 다음과 같은 인증 방법을 조합해서 사용합니다.

- 일회용 비밀번호(OTP, One Time Password)

  일정한 시간마다 자동으로 변경되는 비밀번호 '일회용 비밀번호'를 사용하는 인증 방법입니다. 사용자는 스마트폰 애플리케이션이나 메일을 통해 일회용 비밀번호를 받고, 비밀번호에 맞춰 입력합니다.

- 이미지 인증(CAPTCHA)

  이미지를 사용하는 인증 방법입니다. 사용자는 웹사이트상에 있는 이미지 안에 삽입되어 있는 왜곡된 문자열이나 숫자열을 읽어 비밀번호에 맞춰 입력합니다.

- 인증서 인증

  디지털 인증서를 사용하는 인증 방법입니다. 사용자는 미리 컴퓨터에 디지털 인증서(클라이언트 인증서)를 설치해 두고, 서버에 연결합니다. 디지털 인증서를 통한 인증에 성공하면 비밀번호를 입력합니다.

5

공개 서버 기본

인터넷에 있는 클라이언트에 서비스를 제공하는 서버를 '공개 서버'라 부릅니다. 이번 장에서는
공개 서버의 배치와 대표적인 공개 서버의 역할에 관해 설명합니다.

공개 서버 배치

공개 서버란 온프레미스의 DMZ(온프레미스 환경에서 인터넷으로부터 연결할 수 있는 네트워크), 또는 클라우드상에 배치하고 인터넷상의 클라이언트에 서비스를 제공하는 서버입니다. DMZ와 클라우드 중 어느 쪽에 배치하는가는 기존 시스템과의 연동이나 자사의 운용 관리 능력, 비용 등 다양한 요소를 기반으로 결정합니다. 공개 서버는 24시간, 365일 항상 기동하는 것이 기본이며 고도의 운용 관리 능력이 필요합니다. DNS 서버(콘텐츠 서버)나 웹서버 등 대상 서비스와 직결되는, 영향도가 높은 서버만을 클라우드에 배치하는 등, 균형을 잡은 운용 관리 수준을 유지해야 합니다. 온프레미스든, 클라우드든 제공하는 서비스는 다르지 않습니다. 운용 방법(기동 방법이나 정지 방법 등)이 다를 뿐입니다.

온프레미스에 있는 기존 시스템과 연동해야 하는 공개 서버라면 클라우드보다 DMZ에 배치하는 편이 효율적일 것입니다. 물론 클라우드상의 서버라 해도 기존 시스템과 연동하지 못하는 것은 아니지만, 클라우드상의 서버는 물리적인 거리가 있는 만큼, 통신 속도나 응답 속도, 통신 품질이 저하됩니다. 기존 시스템과 밀접한 관련이 있는 시스템을 무리해서 클라우드에 배치하지 말고, 온프레미스의 DMZ에 매치하는 것이 무난합니다.

█ 클라우드 서비스를 사용한다면 과금에 주의

대부분의 클라우드 서비스는 매월 사용량(기동 시간이나 데이터 전송량 등)에 따라 과금하는 요금 체계를 갖고 있습니다. 그렇기 때문에 인터넷에서 'DDoS$^{Distributed Denial of Service}$ 공격'을 받아, 무엇인지 알 수 없는 대량의 접근이 발생하면, 말도 안 되는 요금이 청구되기도 합니다. 또한 클라우드 서비스라고 해서 장애가 발생하지 않는 것도 아닙니다. 당연하지만 클라우드 서비스에 장애가 발생하면, 서비스를 제공할 수 없게 됩니다. 클라우드상에 배치함으로써 운용 관리 리스크를 이전할 수는 있지만, 다른 리스크가 새롭게 발생하는 것을 확실하게 고려하기 바랍니다.

DDoS 공격은 인터넷상에 있는 여러 컴퓨터를 모아서, 특정한 서버에 대량의 요청/데이터를 보냄으로써 서비스를 정지시키는 공격입니다.

플러스
1

그림과 자동 원리로 쉽게 이해하는 서버의 기초

● 기존 시스템과의 연동이나 운영 비용 등 다양한 조건을 고려한다

공개 서버는 인터넷상의 클라이언트에 서비스를 제공하는 서버입니다. 온프레미스의 DMZ에 배치하는 경우와 클라우드에 배치하는 경우가 있습니다.

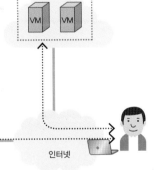

클라우드상에 배치

- 컴퓨터나 네트워크 기기 등의 하드웨어나 및 설치 공간, 케이블 배선이 필요 없다
- 하드웨어 관리를 클라우드 서비스 사업자에게 일임할 수 있다
- 사무실에 재해가 발생해도 클라우드상의 서버로부터 서비스를 계속 제공할 수 있다
- 온프레미스 서버와 연동하는 경우는 통신 보안을 확보해야 한다. 그리고 거리가 멀어지는 만큼, 통신 속도나 응답이 저하된다
- 사용량에 따른 과금 체계인 경우, 예상을 뛰어넘는 트래픽이 발생하면 고액의 비용이 청구될 수 있다
- 클라우드 자체에 장애가 발생하면 서비스를 제공할 수 없게 된다

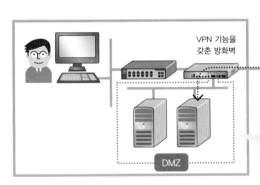

VPN 기능을 갖춘 방화벽

인터넷

DMZ

DMZ에 배치

- 온프레미스 서버와 연동하는 경우는 통신 효율이 좋다
- 공개 서버는 항상 작동하는 것이 기본이므로, 고도의 운용 관리 능력이 요구된다
- 컴퓨터나 네트워크 기기 등의 하드웨어나 설치 공간, 케이블 배선이 필요하다

공개 서버의 역할에 관해서는 이번 장에서 설명했습니다.

02 온프레미스 환경의 서버를 공개한다

온프레미스 환경의 서버를 인터넷에 공개하기 위해서는 다음 6단계를 거칩니다.

① **인터넷 회선을 개설한다**

인터넷에 서버를 공개하려면 당연하지만 인터넷 회선을 개설해 합니다. 요금이나 회선 속도, 기술 지원 체제, 납기 등을 고려해 사용할 회선을 결정합니다.

② **공인 IP 주소를 얻는다**

①에서 선택한 인터넷 회선에 대응하는 프로바이더(인터넷 회선 사업자)를 선택하고, 고정 공인 IP 주소를 얻습니다. 동적 IP 주소로도 공개할 수는 있으나, 대부분의 경우 고정 IP 주소를 사용해 공개합니다.

③ **도메인명을 신청한다**

도메인 취득업자(레지스트라)에 도메인명을 신청하고, 자사의 DNS 서버(콘텐츠 서버)와 도메인 취득업자의 관련 도구를 사용해 ②에서 얻은 공인 IP 주소와 연결합니다. 가비아, 후이즈, 카페24 등의 서비스에서 비교적 간단하게 도메인명을 얻을 수 있습니다.

④ **공개 서버를 준비한다**

인터넷에 공개할 서버를 준비하고, DMZ$^{DeMilitarized Zone, 비무장 지대}$라 불리는, 인터넷상의 사용자가 접근할 수 있는 공개 서버 전용 네트워크에 배치합니다. 서버에는 사설 IP 주소를 설정합니다.

⑤ **방화벽에서 NAT를 한다**

방화벽에서 서버에 설정한 사설 IP 주소와 ②에서 얻은 공인 IP 주소를 1:1로 NAT(주소 변환)합니다.

⑥ **방화벽에서 필요한 통신을 허가한다**

마지막으로 방화벽에서 공개 서버에 대한 통신을 허가합니다. 허가할 통신은 최소한으로 필요한 것만으로 억제함으로써 보안 수준을 유지합니다.

고정 공인 IP 주소를 얻을 때는, 얻고자 하는 IP 주소의 개수에 주의해야 합니다. 어떤 IP 주소를 어느 서버에 할당할 것인지를 미리 생각해 둡니다.

플러스
1

각종 서비스 사업자와 계약해서 자사의 환경을 설정한다

인터넷 회선과 공인 IP 주소 등은 서비스 사업자를 선정하고, 서비스로 이용하게 됩니다.

1 인터넷 회선 서비스를 선정한다.

과금이나 회선 속도, 지원 체계 등을 고려해 선정합니다.

2 공인 IP 주소를 얻습니다.

1에서 선정한 인터넷 회선에 대응하는 제공자를 선정하고, 고정 공인 IP 주소를 얻는다.

3 도메인을 신청한다.

도메인 취득 업자(레지스트라)에게 도메인을 신청하고, 자사의 DNS 서버(콘텐츠 서버)와 도메인 취득 업자의 관리 도구에서, 2에서 얻은 공인 IP 주소를 연결합니다.

4 공개 서버를 준비한다.

공개 서버를 준비하고, 네트워크 안의 DMZ에 배치합니다.

5 방화벽에서 네트워크 주소를 변환한다

공개 서버에 설정한 사설 IP 주소와, 2에서 얻은 고정 공인 IP 주소를 방화벽에서 변환합니다.

6 방화벽으로 중요한 통신을 허가한다.

공개 서버에 대한 통신을 허용하도록 방화벽을 설정합니다.

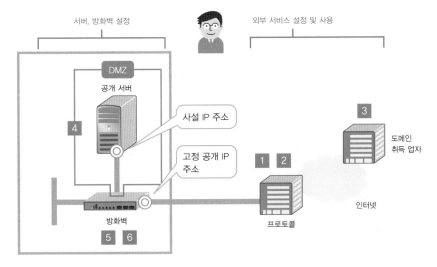

5 _ 공개 서버 기본

03 클라우드 환경의 서버를 공개한다

클라우드 환경의 서버를 인터넷에 공개하려면 다음 7단계를 거칩니다. 여기에서는 Amazon Web Services(AWS)를 예로 들어 설명합니다.

① **도메인명을 신청한다**

도메인 취득업자(레지스트라)가 도메인명을 신청합니다.

② **공개 서버를 준비한다**

Amazon EC2상에 공개하는 인스턴스(가상 머신)를 만듭니다. 머신 이미지나 그에 할당할 리소스(CPU, 메모리, 스토리지, 네트워크 용량 등)를 지정하고, 임의의 서버 소프트웨어를 설치합니다.

③ **공인 IP 주소를 할당한다**

'탄력적elastic IP 주소'는 고정 공인 IP 주소를 할당하는 AWS의 서비스입니다. 그리고 탄력적 IP 주소를 사용해 고정 공인 IP 주소를 할당합니다.

④ **Route 53에 관리할 도메인을 등록한다**

'Route 53'은 AWS가 제공하는 DNS 서비스입니다. Route 53에 ①에서 얻은 도메인명을 등록하면, 해당 도메인명을 관리하는 DNS 서버가 표시됩니다.

⑤ **레지스트라에 DNS 서버를 등록한다**

도메인명을 신청한 레지스트라에 ④에 표시된 DNS 서버를 등록합니다.

⑥ **고정 IP 주소와 호스트명을 연결한다**

Route 53에서 도메인명(FQDN)과 탄력적 IP 주소에 할당된 공인 IP 주소를 연결합니다.

⑦ **보안 그룹에 필요한 통신을 허가한다**

인스턴스에 대한 통신은 EC2의 방화벽 기능인 '보안 그룹'으로 제어합니다. 보안 그룹에서 필요한 통신을 허가합니다. 온프레미스와 마찬가지로 최소한으로 필요한 통신만 허가함으로써, 보안 수준을 떨어뜨리지 않도록 합니다.

AWS에서는 부하 분산 기능을 제공하는 Elastic Load Balancing, 저장 공간을 제공하는 S3 등 다양한 서비스를 제공합니다.

플러스
1

● 클라우드 사업자와 도메인 취득업자가 계약해 클라우드 환경을 설정한다

클라우드 서비스상에서 가상 서버나 고정 공개 IP 주소, DNS 서버, 보안 등 각종 설정을 수행한다

1 도메인명을 신청한다

도메인 취득업자(레지스트라)에게 도메인명을 신청합니다.

2 공개 서버를 준비한다.

클라우드 서비스상에서 공개할 인스턴스(가상 머신)를 준비하고, 서버 소프트웨어를 설치합니다.

3 공개 IP 주소를 할당한다

클라우드 서비스를 제공할 고정 공개 IP 주소를 얻고, **2**에서 준비한 인스턴스(가상 머신)에 할당합니다.

4 클라우드DNS에 도메인명을 등록한다

클라우드 서비스의 DNS 서비스에 **1**에서 얻은 도메인명을 등록합니다. 그러면 해당 도메인을 관리하는 DNS 서버가 표시됩니다.

5 도메인 취득업자에게 클라우드 DNS 서버를 등록한다

도메인 취득업자의 웹사이트에서 클라우드 서비스의 DNS 서버를 등록합니다.

6 클라우드의 DNS 서비스에서 공개 IP 주소와 도메인명을 연결한다

클라우드 서비스의 DNS 서비스에서 도메인명(FQDN)과 고정 글로벌 IP 주소를 연결합니다.

7 클라우드의 방화벽 기능에서 필요한 통신을 허가한다

클라우드 서비스는 독자적인 방화벽 기능을 제공합니다. 이를 활용해 인스턴스(가상 머신)으로의 통신을 허가하도록 설정합니다.

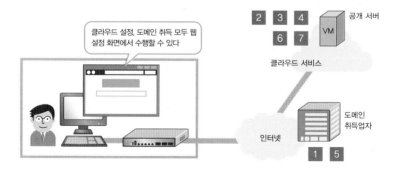

클라우드 설정, 도메인 취득 모두 웹 설정 화면에서 수행할 수 있다

2 **3** **4** 공개 서버 VM

6 **7**

클라우드 서비스

도메인 취득업자

인터넷

1 **5**

5 _ 공개 서버 기본

? 관련 용어 공개 IP 주소 _ p.40 / 도메인명 _ p.84 / 방화벽 _ p.154 / 클라우드 서비스 _ p.58 / DNS 서버 _ p.84

웹의 3계층 모델

인터넷은 정보 전송이나 채팅, 동영상 전송 등 다양한 웹사이트로 넘쳐 납니다. 웹사이트를 구성하는 웹페이지는 '정적 웹페이지static web page'와 '동적 웹페이지dynamic web page'로 크게 나눌 수 있습니다.

정적 웹페이지는 누군가가 업데이트하지 않는 한 동일한 표시 내용을 반환하는 웹페이지입니다. 미리 저장되어 있는 파일을 응답하는 것뿐으로 처리 부하가 작고, 표시 또한 빠릅니다. 하지만 페이지에 싣는 정보가 업데이트될 때마다 대상 파일을 변경해야 하기 때문에 관리에 노력이 듭니다.

동적 웹페이지는 접속할 때마다 표시 내용이 변화하는 웹페이지입니다. 웹브라우저의 요청을 받은 뒤에 웹페이지를 만들므로 사용자에 맞춰 최신 정보를 전송할 수 있습니다. 하지만 그만큼 처리 부하가 크며, 표시에도 많은 시간이 걸립니다. 아마존이나 유튜브 등의 유명한 웹사이트는 대부분 동적 웹페이지로 구성되어 있습니다.

▊ 웹서비스 시스템은 3개의 서버에서 처리된다

일반적인 웹서비스 시스템은 위에서 설명한 두 종류의 웹페이지를 '웹(HTTP, HTTPS) 서버', '애플리케이션 서버', '데이터베이스 서버'로 역할을 분담해서 처리함으로써 부하를 분산하고 처리 효율화를 도모합니다.

웹서버는 웹브라우저로부터 요청을 받아, 정적 웹페이지에 대한 요청이면 해당 파일을 반환합니다. 동적 웹페이지에 대한 요청이면 애플리케이션 서버에 처리를 요청합니다.

애플리케이션 서버는 웹서비스로부터의 요청 등에 대해 프로그램을 실행하고, 동적 웹페이지를 생성해서 웹서버로 반환합니다. 그리고 데이터베이스 서버의 정보가 필요할 때는 데이터베이스 서버에 요청을 하고, 반환된 데이터를 기반으로 동적 웹페이지를 생성해서 웹서버로 반환합니다.

데이터베이스 서버는 고객 정보나 제품 정보 등 다양한 데이터를 '데이터베이스'라는 큰 테이블과 같은 것에 저장하고, 애플리케이션 서버로부터의 요청에 대해 데이터를 검색하거나 변경하고, 그 처리 결과를 반환합니다.

정적 웹페이지와 동적 웹페이지

인터넷상의 웹사이트는 정적 페이지 또는 동적 페이지 중 하나로 구성되어 있습니다.

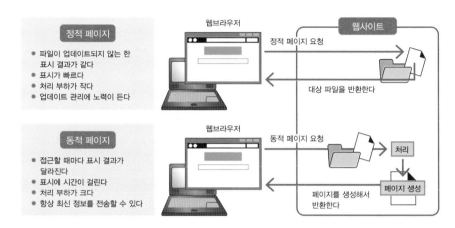

정적 페이지
- 파일이 업데이트되지 않는 한 표시 결과가 같다
- 표시가 빠르다
- 처리 부하가 작다
- 업데이트 관리에 노력이 든다

웹브라우저
정적 페이지 요청
대상 파일을 반환한다
웹사이트

동적 페이지
- 접근할 때마다 표시 결과가 달라진다
- 표시에 시간이 걸린다
- 처리 부하가 크다
- 항상 최신 정보를 전송할 수 있다

웹브라우저
동적 페이지 요청
처리
페이지 생성
페이지를 생성해서 반환한다

웹서비스 시스템은 기본적으로 3층 구조

일반적인 웹서비스 시스템은 '웹서버', '애플리케이션 서버', '데이터베이스 서버'라는 3가지 서버로 구성되어 있습니다.

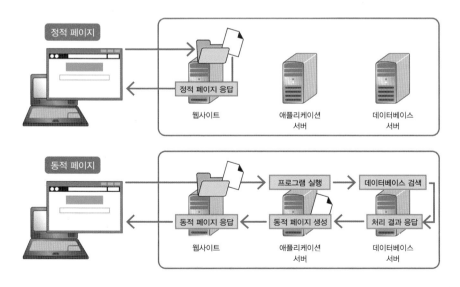

정적 페이지
정적 페이지 응답
웹사이트　애플리케이션 서버　데이터베이스 서버

동적 페이지
프로그램 실행 → 데이터베이스 검색
동적 페이지 응답 ← 동적 페이지 생성 ← 처리 결과 응답
웹사이트　애플리케이션 서버　데이터베이스 서버

5 _ 공개 서버 기본

관련 용어　데이터베이스 서버 _ p.126 / 애플리케이션 서버 _ p.124 / 웹서버 _ p.114 /

05 / HTTP 서버의 역할

웹서비스를 제공하는 프로토콜 중에서 중요한 프로토콜의 하나가 'HTTP$^{HyperText\ Transfer\ Protocol}$' 입니다. HTTP는 구조가 단순하지만 다양한 작업을 할 수 있기 때문에 폭발적으로 보급됐고, 인터넷에는 꼭 필요한 것이 됐습니다.

HTTP 서비스를 제공하는 서버 소프트웨어로는 오픈 소스인 '아파치^{Apache}'와 '엔진엑스^{nginx}', 윈도우 OS에 기본으로 포함되어 있는 'IIS$^{Internet\ Information\ Services}$'의 3가지가 유명합니다. 이 3 가지는 'HTTP 서비스를 제공한다'는 점에서는 동일하지만, 대응하는 OS나 특징적인 분야 가 서로 다릅니다. 아파치는 리눅스 OS상에서 작동시키는 것이 일반적이지만 윈도우 OS상 에서도 작동하며, 동적 페이지 처리에 강점이 있습니다. 엔진엑스는 리눅스 OS상에서 작동 시키는 것이 일반적이지만 윈도우 OS상에서도 작동하며, 정적 페이지 처리에 강점이 있습니 다. IIS는 윈도우 OS상에서 작동하고 윈도우 계열의 개발 환경(.NET)과 연동에 강점이 있습 니다.

▓ HTTP의 구조와 URL

HTTP는 웹브라우저로부터의 요청에 대해 HTTP 서버가 응답하는 전형적인 클라이언트/ 서버 프로토콜입니다. 웹브라우저는 HTTP 서버에 접근할 때 '메서드'와 'URL$^{Uniform\ Resource}$ ^{Locator}'의 일부를 보냅니다. 메서드는 서버에 대해 무엇을 요청하는지를 나타냅니다. 예를 들 어, 파일을 전송받고 싶을 때는 'GET', 반대로 파일을 전송하고 싶을 때는 'POST'가 됩니다. 그 리고 URL은 목적한 파일을 나타냅니다. URL은 'http://www.example.com/news/index.html'과 같 이 표기합니다. 맨 처음의 'http'를 '스킴명'이라 부릅니다. 웹브라우저는 이 스킴명을 보고 사 용할 프로토콜을 결정합니다. 그리고 스킴명 이후의 도메인명(www.example.com)을 보고 서버 의 위치를 필터링하고, 파일 경로(/news/index.html)를 보고 서버상의 목적한 파일을 필터링합 니다.

최근의 웹브라우저는 HTTP에서 웹사이트에 연결하면 보안 경고 메시지를 표시합니다. 현재는 HTTP를 SSL/TLS로 암호화한 HTTPS로 연결하는 것을 권장합니다. **플러스 1**

● HTTP 구조

인터넷에서 가장 중요한 서비스가 웹서비스입니다. 웹서비스를 제공하는 프로토콜 중 가장 중요한 프로토콜이 'HTTP'입니다.

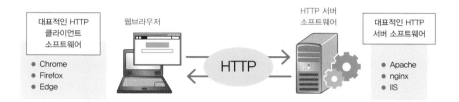

HTTP 클라이언트(웹브라우저)는 HTTP 규칙에 맞춰, URL과 메서드로 서버에 요청합니다. HTTP 서버는 요청에 대한 처리 결과를 응답합니다.

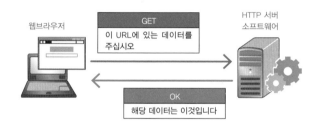

● URL로 목적한 파일이나 프로그램을 필터링한다

HTTP 클라이언트(웹브라우저)는 URL을 사용해, 사용할 프로토콜과 목적하는 서버 및 파일을 지정합니다.

http://www.example.com/news/index.html

스킴명	도메인명	파일 경로
프로토콜을 지정한다	서버 위치를 지정한다	서버상의 파일 위치를 지정한다

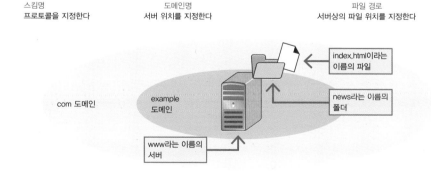

정보의 '도청', '변조', '위장'을 방지한다

06 / HTTPS 서버의 역할

오랫동안 웹서비스를 지탱해온 HTTP지만 암호화 기능을 제공하지 않는다는 이유로 그 상태 그대로 사용하는 것이 줄어들게 됐습니다. 그뿐만 아니라 최근의 웹브라우저에서는 HTTP 웹사이트에 접근하면 '안전하지 않습니다'와 같은 경고를 표시하게 됐습니다. 암호화 기능이 없는 HTTP를 'SSL^Secure Socket Layer/TLS^Transport Layer Security'로 암호화한 프로토콜을 'HTTPS^HTTP Secure'라 부르며, 해당 서비스를 제공하는 서버를 'HTTPS 서버'라 부릅니다. HTTPS 서버에 접근할 때는 웹브라우저에 'https://'로 시작하는 URL을 입력합니다. 접근에 성공하면 안전함을 의미하는 자물쇠 아이콘이 표시됩니다.

SSL/TLS를 제공하는 소프트웨어에는 오픈 소스인 'OpenSSL'과 윈도우 OS에 기본으로 포함되어 있는 'IIS'가 있습니다. 이 2가지는 'SSL/TLS 서비스를 제공한다'는 점은 동일합니다. OpenSSL을 사용할 때는 HTTP 서버 소프트웨어인 아파치나 nginx로부터 OpenSSL을 호출하고, SSL/TSL 처리만 OpenSSL에게 맡기는 것이 일반적입니다. IIS를 사용할 때는 IIS에 기본으로 탑재되어 있는 SSL/TLS 기능을 사용합니다.

SSL/TLS를 사용해 막을 수 있는 위협

SSL/TLS는 중요한 데이터를 지키기 위해 '암호화', '해시화', '디지털 인증서'를 조합해 사용합니다. 암호화는 정해진 규칙에 따라 데이터를 변환하는 기술입니다. 암호화를 사용하면 제삼자가 데이터를 훔쳐보는 '도청'을 막을 수 있습니다. 해시화는 데이터로부터 고정 길이의 데이터(해시값)를 추출하는 계산을 말합니다. 데이터를 전달할 때 송신 측과 수신 측에서 해시값을 계산하고, 그 값이 같으면 데이터가 변하지 않았다는 것을 알 수 있습니다. 해시화를 사용하면 제삼자가 데이터를 바꿔 쓰는 '변조'를 막을 수 있습니다. 디지털 인증서는 해당 클라이언트가 진짜인지를 증명하는 것입니다. 디지털 인증서를 사용하면 제삼자가 다른 사람을 사칭하는 '위장'을 막을 수 있습니다.

SSL을 버전업 시킨 것이 TLS입니다. SSL/TLS는 SSL2.0 → SSL3.0 → TLS1.0 → TSL1.1 → TLS1.2 → **플러스**
TLS1.3으로 업데이트됐습니다. **1**

인터넷에서 흐르는 데이터는 제삼자가 엿보거나, 바꿔 쓸 우려가 있습니다. 그 대책으로 데이터를 암호화하거나 통신 상대를 인증하는 'SSL/TLS'라는 프로토콜을 사용합니다.

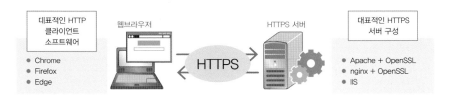

최신 웹브라우저에서 HTTP 웹사이트에 접근하면 경고가 표시됩니다.

HTTPS로 통신할 때는 웹브라우저에 'https://'로 시작하는 URL을 입력합니다.

SSL/TLS를 사용함으로써 데이터의 '도청', 데이터의 '변조', 통신 상대의 '위장'을 막을 수 있습니다.

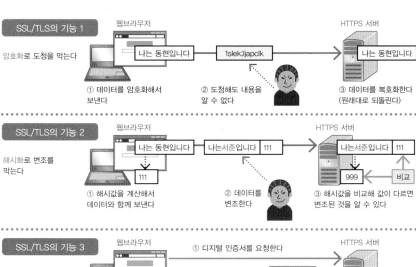
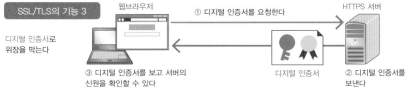

07 두 가지 암호화 기술

5-06절에서 소개한 SSL/TLS에서는 암호화하기 위해 '암호화 키'와 암호를 해석(복호화)하기 위한 '복호화 키'가 필요합니다. 네트워크에서의 암호화 방식은 클라이언트와 서버의 암호화 키, 복호화 키를 갖는 방법에 따라 '공통키 암호화 방식'과 '공개키 암호화 방식'의 두 가지로 크게 나눌 수 있습니다.

공통키 암호화 방식은 암호화 키와 복호화 키로 같은 키를 사용하는 암호화 방식입니다. 미리 클라이언트와 서버에 같은 키를 공유하고, 클라이언트가 암호화 키로 암호화하고 서버가 암호화 키와 완전히 같은 복호화 키로 복호화합니다. 공통키 암호화 방식은 그 구조가 단순하므로, 처리 부하가 걸리지 않습니다. 하지만 사전에 키를 공유해야 하므로, 키의 배송 방법을 고려해야 합니다(키 배송 문제).

공개키 암호화 방식은 암호화 키와 복호화 키로 다른 키를 사용하는 암호화 방식입니다. 서버는 암호화 키와 복호화 키의 쌍을 만듭니다. 암호화 키와 복호화 키는 수학적인 관계에서 성립하기 때문에, 해당 암호화 키로 암호화한 것은 해당 복호화 키로만 풀 수 있습니다. 서버는 암호화 키를 '공개키'로 인터넷상에 공개하고, 복호화 키를 '비밀키'로 서버에 저장합니다. 클라이언트는 공개된 공개키를 사용해 데이터를 암호화해서 서버에 보냅니다. 서버는 비밀키를 사용해서 복호화합니다. 공개키 암호화 방식은 암호화 키를 공개하지만, 해당 키로부터는 복호화 키를 만들어낼 수 없기 때문에, 키 배송 문제에 신경 쓸 필요가 없습니다. 하지만 처리가 복잡하기 때문에 처리 부하를 고려해야 합니다.

▌ SSL/TLS는 두 가지 암호화 방식을 조합한다

공통키 암호화 방식과 공개키 암호화 방식은 장단점이 정확하게 반대입니다. SSL/TLS는 이두 가지를 조합해 사용함으로써 처리 효율화를 도모합니다. 가장 먼저 공개키 암호화 방식을 사용해 서버와 클라이언트 사이에서 공유해야 할 키를 교환합니다. 그 뒤 공개키 암호화 방식을 사용해 교환한 키를 사용해서, 공통키 암호화 방식으로 데이터를 전달합니다. 공개키 암호화 방식으로 키 배송 문제를 해결하고, 공통키 암호화 방식으로 처리 부하 문제를 해결한 것입니다.

공개키(를 포함하는 디지털 인증서)는 Active Dirctory의 그룹 정책이나 OS 업데이트 등을 통해 클라이언트 에 배포됩니다. 플러스 1

● **공통키 암호화 방식과 공개키 암호화 방식**

컴퓨터 통신에서 데이터 암호화와 복호화에는 키(가 되는 데이터)를 사용합니다.

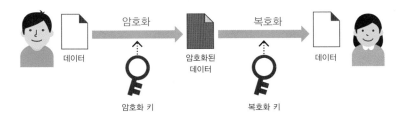

암호화와 복호화에 같은 키를 사용하는 방법이 **공통키 암호화 방식**입니다.
암호화화 복호화에 다른 키를 사용하는 방법이 **공개키 암호화 방식**입니다.

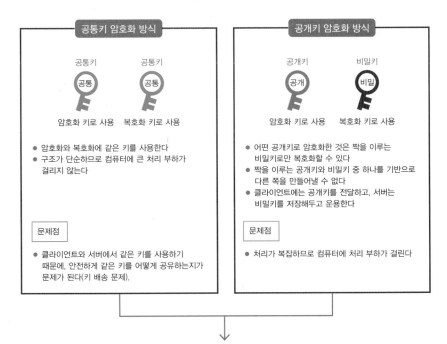

SSL/TLS에서는 이 두 가지 암호화 방식을 조합해,
키 배송 문제와 처리 부하 문제를 해결합니다.

관련
용어   HTTP 서버 _ p.118 / SSL/TLS _ p.118

5_ 공개 서버 기본

SSL/TLS로 연결이 되기까지

HTTPS 서버에는 디지털 인증서가 필요

SSL/TLS에서는 디지털 인증서로 통신 상대가 진짜인지 확인합니다. 따라서 HTTPS 서버에는 반드시 디지털 인증서를 설치해야 합니다. 인증서를 설치하는 방법을 순서대로 설명합니다.

① 관리자가 서버 소프트웨어에서 비밀키와 공개키를 만들고, 공개키를 'CSR(certificate signing request, 인증서 서명 요청)'으로 '인증국(CA)'라는 제삼자 기관에 제출합니다. 비밀키는 소중히 보관합니다.

② 인증국은 신용을 판단한 후 CSR에 '디지털 서명'이라는 '당신은 실재하는 진짜입니다'라는 보증을 부여하고, '디지털 인증서'로 관리자에게 반환합니다.

③ 관리자는 인증국에서 받은 디지털 인증서를 서버에 설치합니다.

SSL/TLS로 암호화하기까지의 흐름

디지털 인증서를 설치했다면 이제 HTTPS 서버로서 작동하게 되며, 클라이언트의 HTTPS 서비스 요청을 받을 수 있습니다.

① 서버는 클라이언트가 접속하면(①-1), 공개키와 디지털 서명을 포함한 디지털 인증서를 반환합니다(①-2).

② 클라이언트는 디지털 서명을 보고 디지털 인증서가 올바른지 확인합니다(②-1). 올바르다면 공통키의 재료를 공개키로 암호화해서 서버로 보냅니다(②-2). 올바르지 않으면 에러를 반환합니다.

③ 서버는 받은 데이터를 자신이 가진 비밀키로 복호화하고 공통기의 재료를 추출합니다. 여기까지의 처리를 'SSL 핸드셰이크'라고 부릅니다

④ 클라이언트와 서버는 각각 공통키의 재료로부터 공통키를 만들고(④-1), 그것을 사용해 암호화 통신을 수행합니다(④-2).

서버에 디지털 인증서를 설치할 때는 '중간 인증서'도 함께 설치합니다. 중간 인증서는 인증국의 인증서와 서버의 인증서를 연결하는 인증서입니다. **플러스 1**

● HTTPS 서버에는 디지털 인증서가 필요

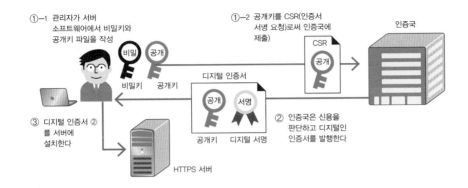

①—1 관리자가 서버 소프트웨어에서 비밀키와 공개키 파일을 작성

비밀 공개

비밀키 공개키

①—2 공개키를 CSR(인증서 서명 요청)로써 인증국에 제출)

CSR
공개

인증국

디지털 인증서
공개 서명
공개키 디지털 서명

③ 디지털 인증서 ② 를 서버에 설치한다

② 인증국은 신용을 판단하고 디지털인 인증서를 발행한다

HTTPS 서버

● SSL/TLS로 암호화할 때의 흐름

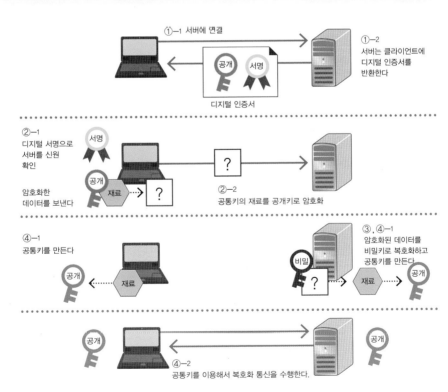

①—1 서버에 연결

공개 서명
디지털 인증서

①—2 서버는 클라이언트에 디지털 인증서를 반환한다

②—1 디지털 서명으로 서버를 신원 확인

서명
공개 재료 ?

?

암호화한 데이터를 보낸다

②—2 공통키의 재료를 공개키로 암호화

④—1 공통키를 만든다

공개 ← 재료

③, ④—1 암호화된 데이터를 비밀키로 복호화하고 공통키를 만든다

비밀 ? 재료 공개

공개 ← 공개

④—2 공통키를 이용해서 복호화 통신을 수행한다.

관련 용어 공개키 _ p.120 / 공통키 _ p.120 / 비밀키 _ p.120 / HTTPS 서버 _ p.118

애플리케이션 서버의 역할

애플리케이션 서버(AP 서버)는 웹서버와 데이터베이스 서버(DB 서버)의 중개 역할을 하며, 프로그램을 실행하는 서버입니다. 웹서버로부터 요청을 받으면 자바^{Java}나 루비^{Ruby}, PHP 등의 프로그래밍 언어로 작성된 프로그램에 따라 처리를 수행하고, 필요에 따라 DB서버에 접속합니다. 그리고 프로그램의 처리 결과나 데이터베이스로부터 받은 정보를 동적 페이지에 반영해 웹서버로 반환합니다.

애플리케이션 서비스를 제공하는 소프트웨어는 프로그램에서 사용하는 프로그래밍 언어에 따라 다릅니다. 예를 들어, 자바를 사용할 때는 오라클의 웹로직 서버^{WebLogic Server}나 오픈 소스인 아파치 톰캣^{Apache Tomcat}, 루비를 사용할 때는 오픈 소스인 Unicorn이나 Puma 등을 사용합니다. 그리고 PHP를 사용할 때는 아파치, 닷넷^{.NET} 언어(VB, C# 등)를 사용할 때는 IIS를 각각 웹서버의 기능에 애플리케이션 서비스가 통합되어 있으므로 별도의 애플리케이션 서버를 준비할 필요는 없습니다. 이때의 웹 시스템은 웹서버(웹서비스 + 애플리케이션 서비스)와 DB 서버의 2층 구조를 갖습니다.

▥ 애플리케이션 서버의 기능

AP 서버가 가진 대표적인 기능에는 데이터베이스 접속 기능과 트랜잭션 관리 기능이 있습니다. 데이터베이스 접속 기능은 이름 그대로, 데이터베이스에 접속하는 기능입니다. AP 서버는 DB 서버상의 데이터베이스에 접속해, 데이터를 읽고 쓸 수 있을 뿐만 아니라 그 접속을 유지함으로써 접속 처리의 부하를 줄입니다. 트랜잭션 관리 기능은 웹 애플리케이션에 대한 일련의 처리를 관리하는 기능입니다. 예를 들어, 온라인 쇼핑몰의 경우 제품 선택, 장바구니 넣기, 구입까지의 과정이 일련의 처리가 됩니다. AP 서버는 이런 일련의 처리를 트랜잭션^{transaction}으로 관리하며, 3개의 서버가 연동하는 처리에 불일치가 발생하지 않도록 합니다.

AP 서버와 DB 서버는 인터넷에는 공개하지 않습니다. 이 책에서는 웹서비스 시스템의 흐름을 고려해 공개 서버 장에서 다루고 있습니다.

● AP 서버는 웹서버와 DB 서버의 중개 역할

동적 페이지를 생성하기 위해 프로그램을 실행하고 DB 서버에 접근하거나, 그 결과를 동적 페이지에 반영합니다.

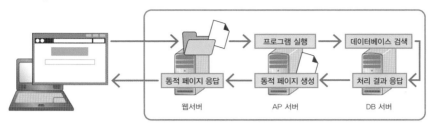

실행하는 프로그램이 사용하는 프로그래밍 언어에 따라, 사용하는 애플리케이션 서버 소프트웨어가 다릅니다. 웹서버가 그 기능을 포함하기도 합니다.

프로그래밍 언어	애플리케이션 소프트웨어
Java	WebLogic Server(오라클), Apache Tomcat(오픈 소스)
Ruby	Unicorn(오픈 소스), Puma(오픈 소스)
PHP	Apache(오픈 소스, mod_php 모듈에서 사용 가능), PHP/FPM(오픈 소스)
.NET 언어(C#, VB 등)	IIS(마이크로소프트, 기능으로 통합)

● 데이터베이스 접속 기능과 트랜잭션 관리 기능

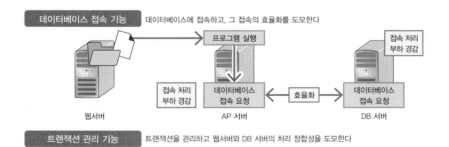

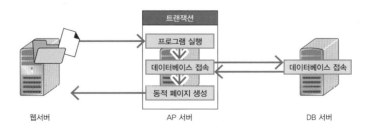

관련 용어 데이터베이스 서버 _ p.126 / Web 서버 _ p.114

5 _ 알기 쉬운 기본

데이터베이스 서버의 역할

애플리케이션 서버(AP 서버)로부터의 요청에 기반해, 데이터를 검색하거나 업데이트(등록, 수정, 삭제)하는 서버를 '데이터베이스 서버(DB 서버)'라 부릅니다. 그리고 데이터베이스의 기능을 제공하는 소프트웨어를 데이터베이스 관리 시스템^{Database Management System, DBMS}이라고 부릅니다.

현재 주류는 관계형 데이터베이스

현재 주류인 데이터베이스는 관계형 데이터베이스^{relational database}입니다. 관계형 데이터베이스는 열(column)과 행(row)으로 구성된 2차원의 표(테이블)로 데이터를 관리하는 타입의 데이터베이스입니다. 2차원 표라고 들으면 다소 어렵게 생각될지도 모르지만, 간단히 말하면 Excel의 시트와 같은 것입니다. 그 안에 데이터를 넣어서 데이터를 정리합니다. 관계형 데이터베이스의 기능을 제공하는 소프트웨어가 관계형 데이터베이스 관리 시스템^{Relational Database Management System, RDBMS}입니다. 대표적인 RDBMS에는 오라클의 'Oracle Database', 오픈 소스인 'MySQL', 마이크로소프트의 'SQL Server' 등이 있습니다.

데이터베이스는 SQL로 조작

관계형 데이터베이스를 조작할 때 사용하는 언어가 SQL^{Structured Query Language}입니다. SQL은 어떤 RDBMS를 사용한다 해도 어느 정도 공통으로 사용할 수 있습니다. AP 서버는 SQL 명령어를 DB 서버에 전송함으로써 데이터 '검색', '등록', '수정', '삭제'를 수행합니다. 이 네 가지 기본 조작은 각각 다음과 같은 SQL 명령어로 정의되어 있습니다.

① 데이터 검색: SELECT

② 데이터 등록: INSERT

③ 데이터 수정: UPDATE

④ 데이터 삭제: DELETE

RDBMS 외에 최근 주목받고 있는 데이터베이스가 'NoSQL'입니다. NoSQL은 RDBMS의 기능 일부를 생략함으로써 처리 고속화를 도모합니다. **플러스 1**

● 웹 애플리케이션에 필요한 데이터를 모아서 관리

데이터터를 모아두고 관리하는 것이 **DB 서버**입니다. 웹 시스템의 3층 구조에서는 AP 서버에서 요청 받은 데이터의 '검색', '등록', '수정', '삭제'를 수행합니다.

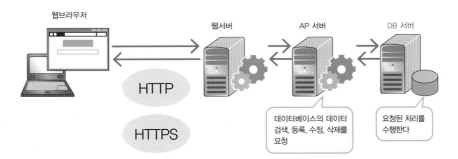

현재는 열과 행으로 구성된 표로 데이터를 관리하는 데이터베이스인 **관계형 데이터베이스(RDB)** 가 주류입니다.

상품번호	상품명	단가	재고수
1	접시	10000원	100
2	머그컵	15000원	100
3	도시락통	20000원	100

주문번호	판매일	상품번호	주문수
1	2022/2/18	3	1
2	2022/2/20	1	4
3	2022/2/29	2	2

예를 들어, 상품번호라는 정보를 기반으로 하는
관계성(relation)을 가지고 통합할 수 있다.

주문번호	단가×주문수
2	40000원

대표적인 데이터베이스 서버
소프트웨어(RDBMS 제품)

- Oracle Database
- MySQL
- SQL Server

● 관계형 데이터베이스는 SQL로 조작한다

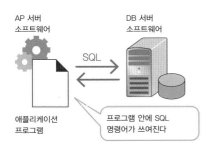

웹 클라이언트로부터의 요청에 대해 웹 애플리케이션에서 DB 서버에 **SQL 명령어**가 전송됩니다. SELECT라는 명령어가 데이터 검색에 해당합니다. 다양한 조건을 지정해 원하는 형태로 데이터를 추출할 수 있습니다.

관련
용어 애플리케이션 서버 _ p.124 / 웹서버 _ p.114

5_ 읽기 쉬워 기본

CDN의 역할

CDN^Content Delivery Network이란, 웹페이지를 구성하는 파일(웹 콘텐츠)을 안정적이고 빠르게 전송하기 위해 최적화된 인터넷상의 웹서버 네트워크입니다. CDN의 구조를 제공하는 서비스를 'CDN 서비스'라 부르며 대표적인 CDN 서비스 사업자로 Akamai, Fastly, Cloudflare 등이 있습니다. 지금은 잘 알려진 웹사이트 대부분이 이 서비스를 사용해, 웹 콘텐츠를 전송합니다. 그리고 최근에는 OS나 게임, 애플리케이션 업데이트 프로그램부터 동영상이나 음악 등의 멀티미디어 콘텐츠에 이르기까지, 다양한 파일이 모르는 사이에 CDN 서비스를 통해 전송되고 있습니다.

오리진 서버와 에지 서버

CDN은 '오리진 서버'와 '에지 서버'라는 두 종류의 서버로 구성되어 있습니다. 오리진 서버는 오리지널 파일을 가지고 있는 자사 웹서버입니다. 인터넷에 공개하고 있는 자사의 웹서버가 여기에 해당합니다. 한편 에지 서버는 사용자의 접근을 대리해서 받아, 오리진 서버로부터 반환된 파일을 캐시(일시적으로 보관)하는, CDN 사업자의 웹서버입니다. 세계 각지에 분산 배치되어 있습니다.

가까운 에지 서버가 응답한다

사용자가 웹사이트에 접근하면 DNS의 구조를 활용해, 물리적으로 거리가 가까운 에지 서버로 유도됩니다. 에지 서버는 사용자가 접근한 파일의 캐시를 가지고 있다면 즉시 응답합니다. 해당 파일의 캐시를 갖고 있지 않거나 유효 기간이 만료됐다면 오리진 서버로부터 파일을 받아서 응답합니다. CDN을 사용하면 사용자가 통신하는 웹서버와의 물리적인 거리가 짧아지기 때문에 응답 시간이 줄어들고, 파일 다운로드 속도가 극적으로 향상됩니다. 그리고 웹서비스에 연관된 처리의 일부를 에지 서버가 수행하게 되므로, 오리진 서버의 부하도 줄어듭니다.

오리진 서버와 에지 서버

CDN는 인터넷상에 공개되어 있는 오리진 서버와, 인터넷상에 분산 배치되어 있는 에지 서버라는 두 종류의 서버로 구성되어 있습니다.

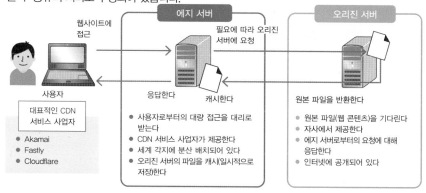

웹사이트에 접근

에지 서버

오리진 서버

사용자

대표적인 CDN 서비스 사업자

- Akamai
- Fastly
- Cloudflare

필요에 따라 오리진 서버에 요청

응답한다   캐시한다

원본 파일을 반환한다

- 사용자로부터의 대량 접근을 대리로 받는다
- CDN 서비스 사업자가 제공한다
- 세계 각지에 분산 배치되어 있다
- 오리진 서버의 파일을 캐시(일시적으로 저장)한다

- 원본 파일(웹 콘텐츠)을 기다린다
- 자사에서 제공한다
- 에지 서버로부터의 요청에 대해 응답한다
- 인터넷에 공개되어 있다

가장 가까운 에지 서버가 응답한다

DNS의 구조를 활용해 사용자를 가장 가까운 에지 서버로 유도합니다. 에지 서버는 캐시를 갖고 있지 않거나, 캐시의 유효 기간이 만료됐을 때만 오리진 서버에 접근합니다.

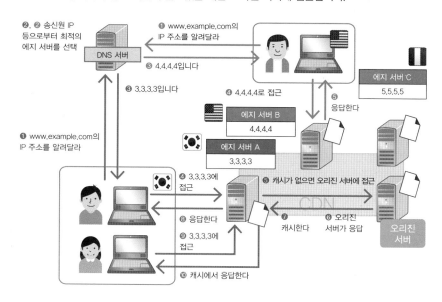

❷, ❸ 송신원 IP 등으로부터 최적의 에지 서버를 선택

DNS 서버

❶ www.example.com의 IP 주소를 알려달라

❸ 4.4.4.4입니다

❸ 3.3.3.3입니다

❹ 4.4.4.4로 접근

❺ 응답한다

에지 서버 C
5.5.5.5

❶ www.example.com의 IP 주소를 알려달라

에지 서버 B
4.4.4.4

에지 서버 A
3.3.3.3

❹ 3.3.3.3에 접근

❽ 응답한다

❾ 3.3.3.3에 접근

❺ 캐시가 없으면 오리진 서버에 접근

CDN

❼ 캐시한다

❻ 오리진 서버가 응답

오리진 서버

❿ 캐시에서 응답한다

관련 용어   웹서버 _ p.114 / DNS 서버 _ p.84

12 FTP 서버의 역할

FTP 서버는 'FTP$^{File\ Transfer\ Protocol}$'를 사용해 효율적으로 파일을 전송하는 서버입니다. FTP는 인터넷이 태동하던 시기부터 현재에 이르기까지, 오랜 시간 계속해서 사용되고 있는 프로토콜의 하나입니다. 인터넷상에서 불특정 다수의 사람들에게 파일을 배포하거나, 웹서버에 콘텐츠를 업로드하는 등, 매우 다양한 상황에서 사용되고 습니다.

FTP 서비스를 제공하는 서버 소프트웨어로서는 리눅스 OS에서 작동하는 'vsftpd'와 'ProFTPD', 윈도우 OS에서 작동하는 'IIS'의 FTP 서버가 있습니다. 한편 FTP 클라이언트 소프트웨어는 윈도우 OS, 리눅스 OS 모두 표준 기능으로 제공됩니다. 윈도우 OS라면 '명령어 프롬프트', 리눅스 OS라면 '터미널(Terminal)'에서 ftp 명령어를 입력해서 사용할 수 있습니다. 그 외에도 'FFFTP', 'FileZilla' 등 FTP에 특화된 전용 소프트웨어도 있습니다.

▌ FTP는 암호화되지 않는다

FTP 서버가 가진 중요한 특징 중 하나가 '인증 기능'입니다. 사용자별로 파일을 보관하는 공간(사용자 디렉터리)을 나누어 다른 사용자의 파일을 보지 못하게 하거나, 사용자별로 '읽기'나 '쓰기' 접근 권한을 부여할 수 있습니다.

다양한 OS에서 안정적으로 사용할 수 있기 때문에, 아직도 현역으로 사용되고 있는 FTP이지만, 한 가지 치명적인 약점이 있습니다. 그것은 보안입니다. FTP는 인증 기능을 제공하고 있지만, 데이터 암호화 기능은 제공하지 않습니다. 따라서 전달되는 데이터는 모두 평문 상태로 네트워크를 흐릅니다. 보안을 고려하고 싶다면, FTP를 SSL/TLS로 암호화한 'FTPS$^{FTP\ over\ SSL}$'이나 SSH$^{Secure\ SHell}$ 등의 파일 전송 기능을 FTP에 적용해 만든 'SFTP$^{SSH\ File\ Transfer\ Protocol}$' 등 다른 프로토콜로 마이그레이션을 고려해야 합니다. 그리고 최근에는 대부분의 FTP 서버 소프트웨어들이 두 암호화 방식 중 한 가지에는 대응하고 있으므로, 마이그레이션 또한 쉽습니다.

SSH는 서버나 네트워크 기기에 원격 접근하기 위한 프로토콜입니다. 암호화나 인증, 파일 전송 등, 다양한 기능을 갖고 있습니다.
플러스 1

● 파일을 전송하는 FTP

웹서버에 파일을 업로드할 때 등, 파일을 효율적으로 전송하기 위해 사용되는 것이 FTP라는 프로토콜입니다.

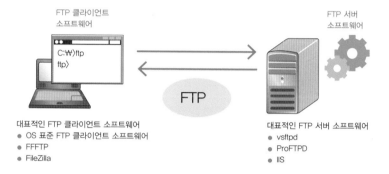

FTP 서버에는 접근하는 사용자를 인증하는 기능이 있습니다. 사용자별로 파일을 저장하는 공간을 나누어 이용하도록 할 수 있습니다.

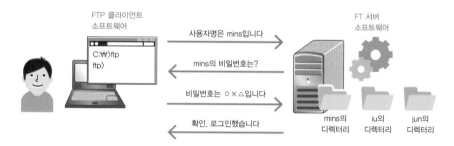

클라이언트는 FTP의 규칙에 따라 다양한 명령어로 서버에 요청을 전달합니다. 일반적으로는 명령어 전달과 데이터 전송의 두 가지를 조합해 기능을 수행합니다.

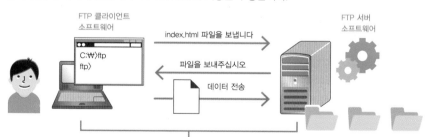

FTP에서는 클라이언트와 서버의 통신은 암호화되지 않고 네트워크를 흐릅니다. 보안을 고려할 때는 FTPS나 SFTP를 사용하기 바랍니다.

관련 용어   웹서버 _ p.114 / 프로토콜 _ p.30 / SSH ▶ _ p.172 / SSL/TLS _ p.118

5 _ 공개 서버 기본

13 / VPN 서버의 역할

인터넷 등의 WAN$^{Wide\ Area\ Network}$(지리적으로 거리가 먼 범위의 네트워크)를 사용해 가상적인 전용선을 만드는 기술을 VPN$^{Virtual\ Private\ Network}$이라 부릅니다. 그리고 VPN을 사용해 만들어 진 가상적인 전용선을 'VPN 터널'이라 부릅니다. VPN을 사용하면 고가의 전용선을 사용하지 않고도 본사와 지사를 연결하거나, 가정의 PC에서 사내 시스템에 접근하거나, 다양한 업무 효율화를 도모할 수 있습니다.

▓ 거점 간 VPN과 원격 연결 VPN

VPN은 원격지에 있는 거점의 LAN을 연결하는 '거점 간 VPN', 원격지에 있는 사용자를 연결하는 '원격 접근 VPN'으로 크게 나눌 수 있습니다. 거점 간 VPN은 본사 사무실과 지사 사무실을 연결하거나, 온프레미스 환경과 클라우드 환경을 연결하는 등 지리적으로 떨어진 곳에 있는 거점의 LAN을 연결하는 VPN입니다. 이에 비해 원격 연결 VPN은 재택 근무를 하는 재택 근로자나 출장 중인 직원 등 지리적으로 떨어진 곳에 있는 사용자를 연결하는 VPN을 말하며, 그 연결을 받는 서버를 'VPN 서버'라 부릅니다.

VPN 서버는 인터넷상의 사용자가 접근할 수 있는 DMZ에 전용 어플라이언스 서버를 배치하거나, 인터넷에 연결되어 있는 라우터나 방화벽의 VPN 서버 기능을 활성화하는 등으로 많이 구현합니다.

▓ IPsec VPN과 SSL VPN

원격 접근 VPN은 IPSec$^{Security\ Architecture\ for\ Internet\ Protocol}$이라는 프로토콜로 VPN 터널의 인증/암호화를 수행하는 IPSec VPN, SSL/TLS로 인증/암호화를 수행하는 SSL VPN이 있습니다. 두 방법 모두 기본적인 기능은 동일합니다. 연결할 때는 OS 표준 기능이나 제조사 고유의 VPN 클라이언트 소프트웨어 등을 사용해 VPN용의 가상적인 NIC 카드를 만들고, VPN 서버에 대해 VPN 터널을 만듭니다.

전용선은 통신 사업자가 제공하는 1:1로 연결하는 회선 서비스입니다. 회선 대역을 점유할 수 있기 때문에 고 품질의 안정적인 통신을 수행할 수 있지만 가격이 매우 비쌉니다. **플러스 1**

거점 간 VPN과 원격 연결 VPN

인터넷상의 암호화된 통신로(VPN 터널)를 만들어, 두 지점 사이를 연결한 전용선을 VPN이라 부릅니다. VPN에는 거점 LAN을 연결하는 거점 간 VPN과 사용자를 연결하는 원격 연결 VPN이 있습니다.

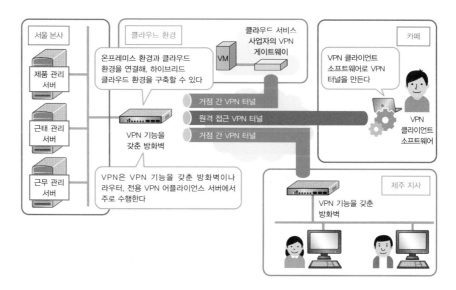

IPSec VPN과 SSL VPN

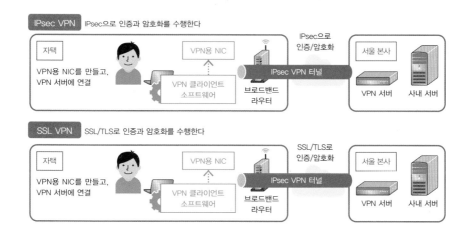

서버가 없다? 서버리스 컴퓨팅 서비스란

'서버'라는 용어를 포함한 용어 중에서 '서버리스 컴퓨팅 서비스$^{Serverless\ Computing}$
^{Service}'도 최근 자주 들을 수 있을 것입니다. 서버리스 컴퓨팅 서비스는 파이썬이나
Node.js 등 프로그래밍 언어로 기술된 코드를 클라우드상에 업로드하는 것만으로
프로그램을 실행할 수 있는 클라우드 서비스입니다. AWS의 'Lambda', 애저^{Azure}
의 'Azure Functions'가 여기에 해당합니다. '서버리스'라는 이름에서 무언가 서
버가 없는 듯한 느낌을 주지만, 어디까지나 '관리하는 서버가 없다', '서버의 존재
를 의식할 필요가 없다'는 의미이며, 실제로 서버는 클라우드 서비스 사업자의 네
트워크 안에 확실하게 존재합니다. 조금 더 구체적으로 말하면, 요청에 대해 필요
할 때에 서버가 기동하고, 처리를 마치는 즉시 삭제됩니다.

서버리스 컴퓨팅 서비스를 사용하면 일일이 서버를 구축하거나 필요한 소프트웨
어를 설치하지 않아도, 즉시 프로그램을 실행할 수 있기 때문에 서비스 인까지의
기간을 크게 줄일 수 있습니다. 그리고 보안 패치의 적용이나 리소스(CPU 사용률
이나 메모리 사용률, 네트워크 사용률, 디스크 사용률 등)의 모니터링과 같이, 관
리자에게 부하가 되기 쉬운 서버 운용 관리를 클라우드 서비스 사업자에게 맡길
수 있습니다. 그러나 한편으로 사용할 수 있는 OS나 소프트웨어, 네트워크를 선택
하거나, 세세한 설정을 할 수 없기 때문에 자유도가 낮고, 유연성이 있다고는 말할
수 없습니다. 또한 클라우드 서비스 자체에 대규모의 장애가 발생하면, 장애 대응
이 완전히 클라우드 서비스 사업자에게 넘어가기 때문에, 즉시 대응할 수 없기도
합니다.

결국 서버리스 컴퓨팅 서비스도 만능은 아닙니다. 장점과 단점이 있습니다. 클라
우드 서비스 및 제공하는 서비스의 특성을 이해한 뒤에 도입 여부를 판단하는 것
이 좋습니다.

6

서버를 장애로부터
지킨다

오랫동안 서버를 운영하다 보면 다양한 장애와 만나게 됩니다. 이번 장에서는 언제 어떤 장애가
발생하더라도 서비스를 제공할 수 있도록, 다양한 장애 대책 기술에 관해 설명합니다.

01 서버와 장애는 소꿉친구

아무리 고성능의 컴퓨터라도 실체는 전기의 힘으로 작동하는 기계에 지나지 않습니다. 오래 사용하다 보면 언젠가 반드시 어딘가 장애가 발생합니다. 개인이 사용하는 데스크톱이나 랩톱이라면 수리를 하거나 다시 구매하면 될 것입니다. 하지만 그것이 중요한 데이터를 많이 가지고 있는 서버에서 발생했다면, 그렇게 간단하게 처리하기는 어렵습니다. 그래서 서버 시스템에서는 언제 어디에 장애가 발생하더라도 계속해서 서비스를 제공할 수 있도록 모든 구성 요소(서버나 그것을 구성하는 부품 등)에 대한 만반의 대책을 세웁니다.

▓ 장애 대책 기술

장애 대책 기술은 '다중화 기술', '백업'으로 크게 나눌 수 있습니다. 다중화 기술은 같은 구성 요소를 여럿 조합하여, 논리적으로 하나로 보이도록 하는 기술입니다. '티밍', 'RAID', '클러스터', '서버 부하 분산 기술', '광역 부하 분산 기술'이 이 타입으로 분류됩니다. 그리고 여기에서 말한 백업은 데이터의 백업이 아니라 그 요소의 역할을 다른 방법으로 보완하는 기술입니다. 'UPS(무정전 전원 장치)'가 이 타입으로 분류됩니다.

▓ 어느 수준까지 장애 대책을 수립하는가

시스템을 구성하는 모든 요소는 장애 대책을 수립하고자 하면 '하나가 부서지더라도 다음, 하나가 또 부서지더라도 다음, 하나가 또 부서지더라도 다음, …'과 같이 사양이 허용하는 한, 어떻게든 대책을 세울 수 있습니다. 하지만 그렇게 해서는 아무리 비용이 많이 들어도 불가능합니다. 그래서 먼저 1차 장애(첫번째 장애)까지 대응할 수 있도록 모든 요소를 두 개씩으로 구성합니다. 이때, 같은 구성 요소에서 동시에 장애가 발생하면 서비스가 중단되므로 곧바로 기기를 교체하거나, 서버를 재기동하거나, 무언가의 대응을 실시해야 합니다. 다음으로 중요하거나 고장이 발생하기 쉬운 구성 요소만 2차 장애(두번째 장애), 3차 장애(세번째 장애)에 대응할 수 있도록, 다시 말해 동일한 구성 요소가 2개 이상 동시에 부서지는 경우를 대비해 3개 이상으로 구성합니다.

서버 부하 분산 기술이나 광역 부하 분산 기술, 또는 사이트에 분배하는 기술과 마찬가지로 동시 다중화 기술입니다. 플러스 1

그림과 작동 원리로 쉽게 이해하는 서버의 기초

● 언제 어디에 장애가 발생해도 대응할 수 있도록 준비하는 것이 중요하다

만일, 장애가 발생해도 서버가 계속 작동할 수 있도록, 그리고 저장된 중요한 데이터를 잃어버리지 않도록 해 두어야 합니다.
주요한 장애 대책 기술로서 '다중화'와 '백업'을 들 수 있습니다.

장애 대책 기술

종류	기술	설명
다중화 기술	티밍	여러 NIC를 논리적으로 하나로 보이게 한다
	RAID	여러 스토리지 드라이브를 논리적으로 하나로 보이게 한다
	클러스터	여러 서버를 논리적으로 하나로 보이게 한다
	서버 부하 분산 기술	여러 서버에 통신을 나누어 처리 부하를 분산한다
	광역 부하 분산 기술	여러 사이트에 통신을 나누어 처리 부하를 분산한다
백업	UPS	정전 시 전기를 공급하거나, 고전압 전류를 차단한다

장애 대책은 첫번째 장애까지 대응할 수 있는 이중화가 기본입니다. 다음은 비용이나 중요도에 따라 어떤 장애 대책을 적용할 것인지 검토합니다.

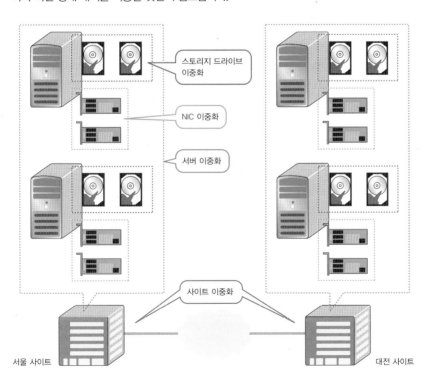

관련 용어 광역 부하 분산 기술 _ p.148 / 서버 부하 분산 기술 _ p.146 / 클러스터 _ p.144 / 티밍 _ p.140 / RAID _ p.138 / UPS _ p.142

RAID

'RAID^{Redundant Arrays of Inexpensive Disks}'는 여러 스토리지 드라이브(HDD/SSD)를 하나의 드라이브처럼 보이도록 하여, 다중화와 고속화를 도모하는 기술입니다. 스토리지 드라이브는 데이터 쓰기나 읽기에 따라 열화되기 쉽고, 부서지기 쉬운 부품의 하나입니다. 데이터의 손실은 단순한 서비스의 손실이 아니라 돈이나 신뢰의 손실과도 직결됩니다. 그래서 'RAID 컨트롤러 카드'라는 전용 카드를 사용해 RAID를 꾸미고, 드라이브 장애 시 영향을 최소한으로 억제합니다. RAID는 데이터의 분산 방법이나 다중화 방법에 따라 몇 가지 타입으로 나뉩니다. 이책에서는 서버에서 주로 사용되는 'RAID1', 'RAID5', 'RAID1+0'에 관해 설명합니다.

🔳 주요한 RAID 타입

RAID1은 '미러링'이라는 기술을 사용하는 RAID 타입입니다. 미러링은 여러 드라이브에 같은 데이터를 복사하는 기술입니다. 따라서 실제 디스크 용량의 절반밖에 데이터를 쓰지 못합니다. 하지만 1대의 드라이브가 고장 나더라도 다른 한 대의 드라이브에 고장 난 드라이브와 완전히 같은 데이터가 남아있으므로 처리를 계속할 수 있습니다.

RAID5는 '분산 패리티'라는 기술을 사용하는 RAID 타입입니다. '패리티'는 데이터를 복구하기 위한 데이터입니다. RAID5는 데이터와 패리티를 여러 드라이브에 분산해서 저장함으로써, 신뢰성과 디스크 용량 확보를 모두 실현합니다. 패리티 저장 영역이 한 대만큼 필요하기 때문에 '실제 디스크 대수 – 1' 대만큼의 데이터를 쓸 수 있습니다. 한 대의 드라이브가 고장 나더라도 패리티를 사용해 데이터를 복구할 수 있으므로, 처리를 계속할 수 있습니다.

RAID1+0은 RAID1에 RAID0에서 사용되는 '스트라이핑'을 추가한 RAID 타입입니다. 스트라이핑은 여러 드라이브에 분산해 데이터를 써서 고속화를 도모하는 기술입니다. RAID1+0은 미러링으로 다중화한 디스크에 스트라이핑으로 쓰기라는 2단계 처리를 수행합니다. 평상시에는 스트라이핑으로 고속화를 도모하고, 디스크 장애 시는 미러링으로 복사한데이터를 사용해 처리를 수행하기 때문에 고속화와 다중화를 모두 달성할 수 있습니다.

스토리지 드라이브는 열화 및 파손되기 쉬우므로, 최근 스토리지 어플라이언스 서버는 2차 장애에 대응한 독자적인 RAID 기능을 탑재하기도 합니다.

플러스
1

그림과 작동 원리로 쉽게 이해하는 서버의 기초

● RAID의 구조

RAID는 여러 스토리지 드라이브(HDD/SSD)를 하나의 스토리지 드라이브와 같이 보이도록 하여 다중화와 고속화를 도모하는 기술입니다. RAID를 구성함으로써 드라이브 장애 시 영향을 최소한으로 억제할 수 있습니다.
RAID를 구성할 때는 RAID 컨트롤러를 사용합니다.

RAID
컨트롤러 카드

스토리지
드라이브

RAID에는 몇 가지 타입이 있습니다. 서버에서는 일반적으로 RAID1, RAID5, RAID1+0을 사용합니다.

RAID1(미러링 기술)

여러 드라이브에 같은 데이터를 복사합니다. 한 대의 드라이브가 고장 나더라도 처리를 계속할 수 있지만, 같은 데이터를 여러 드라이브에 저장하기 때문에 디스크 용량면에서는 비효율적입니다.

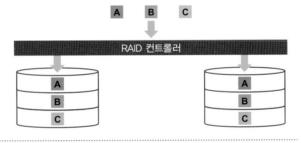

RAID5(분산 패리티 기술)

데이터를 복구하기 위한 데이터(패리티)를 여러 드라이브에 분산해서 저장합니다. 신뢰성과 디스크 용량 효율성을 모두 달성합니다.

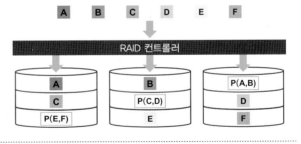

RAID1+0(미러링 기술 + 스트라이핑 기술)

여러 드라이브에 데이터를 분산하고, 분산한 데이터를 다중화해서 저장합니다. 여러 드라이브에 데이터를 쓰기 때문에 읽기/쓰기를 고속으로 수행할 수 있습니다. 그리고 같은 데이터를 여러 드라이브에 저장함으로써, 드라이브 고장에도 대응할 수 있습니다.

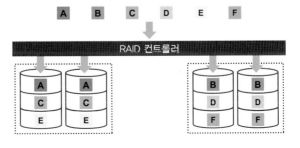

6 _ 서버를 장애로부터 지킨다

관련
용어 스토리지 드라이브 _ p.70

03 / 티밍

여러 물리 NIC를 하나의 논리 NIC로 모으는 기술을 티밍teaming 또는 본딩bonding이라 부릅니다. 티밍은 NIC의 다중화나 대역 확장을 실현하는 기술로서 일반적으로 사용되고 있습니다. 티밍은 OS 표준 기능 또는 전용 소프트웨어로 구현할 수 있습니다. 티밍을 설정하면 하나의 논리 NIC가 새롭게 작성되므로, 해당 논리 NIC에 대해 설정을 진행합니다. 그리고 티밍 방식도 함께 설정합니다. 티밍 방식은 몇 가지가 있으며, 자주 사용되는 것은 폴트 톨러런스Fault Tolerance와 로드 밸런싱Load Balancing입니다.

▌ 폴트 톨러런스를 사용한 다중화

폴트 톨러런스는 물리 NIC를 다중화하는 방식입니다. 보통 때는 액티브/스탠바이로 작동하고, 한쪽의 물리 NIC(액티브 NIC)만 사용해서 통신합니다. 그리고 액티브 NIC에 장애가 발생하면 다른 쪽의 물리 NIC로 통신하게 됩니다. 폴트 톨러런스는 보통 때 액티브 NIC만 사용하므로, 두 개의 물리 NIC의 통신량에는 완전한 치우침이 발생합니다. 그리고 액티브 NIC 처리가 가득 차면, 그 이상의 통신에는 대응할 수 없습니다. 하지만 작동이 단순해서 운용 관리가 쉽고, 관리자들이 선호하는 경향이 있습니다.

▌ 로드 밸런싱을 사용한 대역 확장

로드 밸런싱은 물리 NIC를 다중화하면서 대역 확장도 도모하는 방식입니다. 평상시에는 액티브/액티브로 작동해 양쪽 물리 NIC를 사용해 통신합니다. 한쪽 물리 NIC에 장애가 발생하면 다른 한쪽 물리 NIC로 통신합니다. 로드 밸런싱은 평상시에 양쪽 물리 NIC를 모두 사용하므로, 폴트 톨러런스에 비해 많은 통신을 수행할 수 있습니다. 하지만 데이터가 어느 NIC를 사용하는지 알기 어려우며, 운용 관리도 어렵다는 것이 특징입니다.

● 티밍의 작동

티밍은 여러 물리 NIC를 논리적으로 하나의 NIC로 다루는 기술입니다. 이를 활용하면 물리 NIC 중 하나가 고장 나도 통신을 계속할 수 있고, 통신 내역을 확장할 수도 있습니다.

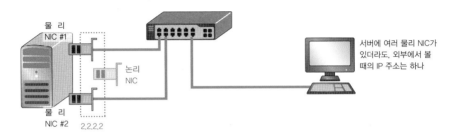

티밍은 여러 물리 NIC를 논리적으로 하나의 NIC로 다루는 기술입니다. 이를 활용하면 물리 NIC 중 하나가 고장 나도 통신을 계속할 수 있고, 통신 내역을 확장할 수도 있습니다.

● 디밍의 두 기지 방식

폴트 톨러런스

폴트 톨러런스는 '장애에 내성이 있다'는 의미입니다. 통신 대역은 NIC 1개와 동일하지만, 데이터 흐름을 파악하기 쉽습니다.

평상시에는 한쪽만으로 통신한다   장애 발생시에는 다른 한쪽의 물리 NIC로 통신한다

로드 밸런싱

로드 밸런싱은 '부하의 균형을 맞춘다'는 의미입니다. 통신 대역은 NIC의 숫자만큼 늘어나지만, 데이터의 흐름을 파악하기 어렵습니다.

평상시에는 양쪽 물리 NIC로 통신한다.   장애 발생시에는 한쪽 물리 NIC로 통신한다

6 _ 서버를 장애로부터 지킨다

관련
용어 NIC _ p.70

04 | UPS

시스템 장애의 원인으로 특히 많은 것이 '전원 장애'입니다. 전원 장애는 예상치 못한 정전 또는 낙뢰로 인한 과전압 등, 갑작스러운 전원 환경의 변화에 서버가 대응할 수 없어 발생합니다. 이 전원 장애로부터 서버를 지키는 기기가 'UPS(무정전 전원 장치)'입니다. UPS는 정전 시 서버를 안전하게 종료하거나, 상용 전원과 서버 사이에 위치해 전원 환경을 조정하는 등, 전원에 관한 다양한 역할을 담당합니다.

안전하게 종료한다

예상치 못한 정전에 의해 서버의 전원이 끊어지면, 서버를 안전하게 종료할 수 없고 데이터가 파손되거나 하드웨어가 고장 나는 경우가 있습니다. UPS는 정전 시에도 안전하게 종료 처리를 수행하는 구조로 되어 있습니다.

UPS는 상용 전원이 끊어져도 내장된 배터리를 사용해 연결되어 있는 서버에 전기를 공급합니다. 이와 함께 미리 서버에 설치해 둔 소프트웨어에 '정전 상태가 됐음'을 알립니다. 해당 명령어를 받은 소프트웨어는 평상시와 마찬가지의 순서로 서버 종료 처리를 수행합니다. UPS는 미리 설정해 둔 시간이 지나면 전기 공급을 중지합니다. 그리고 종료 처리에 걸리는 시간은 서버에 따라 다릅니다. 미리 종료에 걸리는 시간을 측정하고, 그에 맞춰 전원 공급 중지 시간을 설정합니다.

전원 환경을 조정한다

상용 전원의 갑작스러운 전압 저하나 과전압 발생 시에도 정전과 마찬가지로 데이터의 파손이나 손실, 하드웨어 고장을 일으키는 원인이 됩니다. UPS는 그런 변화가 발생했을 때도 전압을 일정하게 유지하고, 연결되어 있는 서버로의 영향을 최소화합니다. 예를 들어, 가까이에 벼락이 떨어지면 고전압의 전류$^{lightning\ surge}$가 전원 케이블이나 전화선에 전달되어 흐릅니다. UPS는 고전압 전류 보호 기능을 통해, 고전압 전류를 차단함으로써 서버를 보호합니다.

UPS 선정은 '연결할 기기의 합계 소비 전력', '연결할 기기에 대한 전력 공급 방식', '종료 시간 확보'라는 세 가지 관점을 고려해서 수행합니다. **플러스 1**

● UPS의 작동

예상치 못한 정전이나 벼락에 의한 과전압 등, 다양한 전원 장애로부터 서버를 보호하기 위해 UPS를 사용합니다.

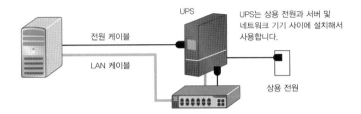

● 정전시에는 서버를 자동으로 중단시킨다

정전이 되어도 서버로의 전원을 계속 공급합니다. 종료가 완료되는 시간을 예상해서 기기별로 전원 공급을 중단합니다.

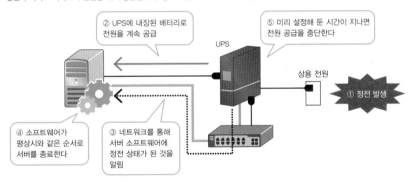

● 상용 전원의 급격한 전압 변화의 영향을 최소화한다

예를 들어, 근처에 벼락이 떨어졌을 때는 낙뢰 보호 기능으로 서버를 보호합니다.

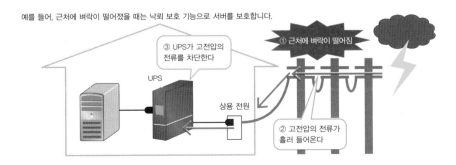

6 _ 서버를 장애로부터 지킨다

관련 용어   계획 정전 _ p.150

여러 대의 서버를 네트워크에 연결하고, 전체가 한 대의 서버처럼 보이도록 하는 기술을 '클러스터'라 부릅니다. 클러스터를 구성하면 한 대의 서버가 고장 나도 다른 서버로 처리를 계속할 수 있어, 서비스의 신뢰성을 확보할 수 있습니다. 클러스터를 구성하기 위해 필요한 소프트웨어가 '클러스터 소프트웨어'입니다. 클러스터 소프트웨어로 유명한 것들로는 Windows Server에 표준 제공되는 WSFC^{Windows Server Failover Clustering}과 오픈 소스인 Pacemaker입니다.

클러스터에서는 클라이언트로부터의 요청을 '가상 IP 주소'라는 논리적인 IP 주소를 통해서 받습니다. 클러스터는 이 가상 IP 주소를 액티브 서버에 할당해서 연결함으로써 서버 다중성을 확보합니다. 클러스터에서 가장 기본적인 구성(액티브 서버 한 대, 스탠바이 서버 한 대)의 다중화 구성의 예를 들어, 설명합니다. 클러스터 소프트웨어는 허트빗^{heartbeat}이라는 기능을 사용해 일정한 간격으로 통신을 하면서 서로가 살아있다는 것을 확인합니다. 스탠바이 서버는 액티브 서버로부터의 응답이 사라지면, 액티브 서버에 장애가 발생했다고 판단하고 액티브 서버가 됩니다. 그리고 '리소스 감시'라는 기능을 통해 자신의 하드웨어나 서비스 상태를 감시합니다. 액티브 서버는 자신의 장애를 감지하면, 스탠바이 서버에 액티브 서버의 역할을 넘겨줍니다.

두 종류의 클러스터 구성

클러스터 구성은 스토리지를 가지는 방법에 따라 '공유 스토리지 구성'과 '데이터 복제 구성'으로 크게 나눌 수 있습니다. 공유 스토리지 구성은 여러 서버에서 공유하는 스토리지를 제공함으로써, 장애 시 데이터의 정합성을 확보하는 방식입니다. NAS와 같은 공유 스토리지가 필요하나 확장성이 높아, 대규모의 시스템에서 사용됩니다. 데이터 복제 구성은 로컬 스토리지의 사본을 네트워크로 전송함으로써 장애 시 데이터의 정합성을 확보하는 방식입니다. 대용량의 데이터를 다루는 서버에는 적합하지 않습니다. 그러나 공유 스토리지가 필요하지 않으므로 저렴하게 구축할 수 있어, 소규모 시스템에서 사용됩니다.

허트빗은 일반적으로 전용 네트워크를 2개 준비하고, 여러 경로로 전달합니다. 두 대의 클러스터 구성의 경우, 두 서버를 두 개의 전용 네트워크로 연결합니다.

플러스 1

서버 한 대가 고장 나더라도 처리를 계속할 수 있다

클러스터는 여러 서버를 네트워크로 연결해 한 대의 서버처럼 보이게 하는 기술입니다. 한 대의 서버가 고장 나더라도 클라이언트로부터의 수신을 받는 IP 주소(가상 IP 주소)를 다른 서버에 연결해, 처리를 계속할 수 있습니다.

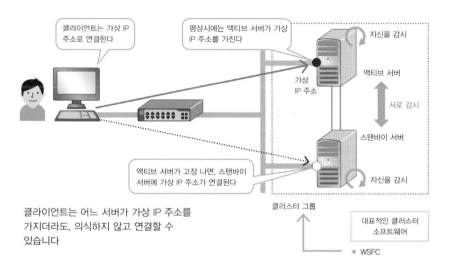

클라이언트는 가상 IP 주소로 연결한다

평상시에는 액티브 서버가 가상 IP 주소를 가진다

자신을 감시

가상 IP 주소

액티브 서버

서로 감시

스탠바이 서버

액티브 서버가 고장 나면, 스탠바이 서버에 가상 IP 주소가 연결된다

자신을 감시

클러스터 그룹

대표적인 클러스터 소프트웨어
● WSFC

클라이언트는 어느 서버가 가상 IP 주소를 가지더라도, 의식하지 않고 연결할 수 있습니다

공유 스토리지 구성과 데이터 복제 구성

클러스터 구성은 스토리지를 가지는 방식에 따라 공유 스토리지 구성과 데이터 복제 구성으로 크게 나눌 수 있습니다.

공유 스토리지 구성

여러 서버가 공유하는 스토리지를 제공해, 데이터의 정합성을 확보합니다.

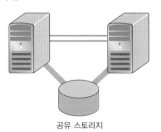

공유 스토리지

데이터 복제 구성

스토리지를 완전히 동일한 내용으로 복제(replication)해, 데이터의 정합성을 확보합니다.

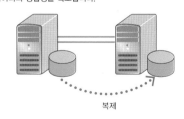

복제

관련 용어　스토리지 드라이브 _ p.70 / IP 주소 _ p.38 / NAS _ p.92 / 윈도우 계열 서버 OS _ p.72

06 서버 부하 분산 기술

여러 서버에 통신을 분배해 처리 부하를 분산하는 기술을 '서버 부하 분산 기술'이라 부릅니다. 서버 부하 분산 기술은 시스템 전체의 처리 능력 향상, 내장애성 향상 등 다양한 장점이 있습니다. 부하 분산 기술은 'DNS 라운드 로빈', '서버 타입', '어플라이언스 서버 타입' 등 세 가지로 나눌 수 있습니다.

세 가지 서버 부하 분산 기술의 특징

DNS 라운드 로빈은 DNS를 사용해 부하를 분산합니다. DNS 서버에서 하나의 도메인명에 여러 IP 주소를 등록하고, 클라이언트로부터의 질의에 등록되어 있는 IP 주소를 차례대로 이용해서 응답하는 방식입니다. 응답하는 IP 주소가 바뀌므로 클라이언트의 연결 대상이 변경되기 때문에, 결과적으로 커넥션이 나누어집니다. DNS 라운드 로빈은 저렴하게 도입할 수 있지만 서버 장애에 관계없이 통신이 분산되거나, 한쪽으로 치우치는 등 여러 가지 문제점도 있습니다.

서버 타입은 서버에 설치한 소프트웨어를 사용해 부하를 분산합니다. Windows Server에는 NLB[Network Load Balancer]라는 소프트웨어가 포함되어 있습니다. 그리고 리눅스 계열 OS는 LVS[Linux Virtual Server]라는 소프트웨어를 무료로 설치할 수 있습니다. 두 소프트웨어 모두 옵션에 가까운 기능이므로, 그만큼 복잡하고 유연한 부하 분산은 할 수 없지만, 비교적 저렴하게 도입할 수 있습니다.

어플라이언스 서버 타입은 '부하 분산 장치'라는 서버 부하 분산 전용 어플라이언스 서브를 사용해 부하를 분산합니다. 부하 분산 장치에는 F5 네트워크인 BIG-IP 시리즈, 시트릭스[Citrix]의 NetScaler 시리즈 등이 있습니다. 기기를 별도로 준비해야 하므로 그만큼 비용이 듭니다. 그러나 전용 기기로 부하를 분산하므로, 복잡하고 유연하게 통신을 분배할 수 있습니다. 그리고 클라이언트로부터 서버에 대한 통신을 잘라내 통신을 효율화하거나, SSL/TSL 암호화된 통신을 복원해 서버에 전달할 수 있습니다.

그림과 작동 원리로 쉽게 이해하는 서버의 기초

웹서버 소프트웨어인 nginx는 부하 분산 기능을 표준으로 갖추고 있으며, 어플라이언스 서버 타입과 같은 작동을 할 수 있습니다.

플러스
1

● 서버 부하 분산 기술은 3종류

서버 부하 분산 기술은 복수의 서버에 통신을 나누어 처리 부하를 분산하는 기술입니다.
이를 통해 전체 시스템의 처리 능력과 내결함성을 향상시킬 수 있습니다.

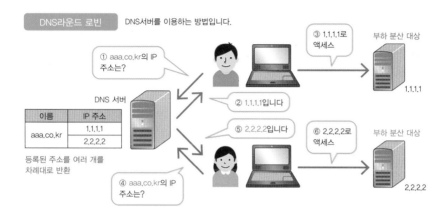

DNS라운드 로빈 DNS서버를 이용하는 방법입니다.

① aaa.co.kr의 IP 주소는?

③ 1.1.1.1로 액세스

부하 분산 대상
1.1.1.1

DNS 서버

이름	IP 주소
aaa.co.kr	1.1.1.1
	2.2.2.2

등록된 주소를 여러 개를 차례대로 반환

② 1.1.1.1입니다

⑤ 2.2.2.2입니다

⑥ 2.2.2.2로 액세스

부하 분산 대상
2.2.2.2

④ aaa.co.kr의 IP 주소는?

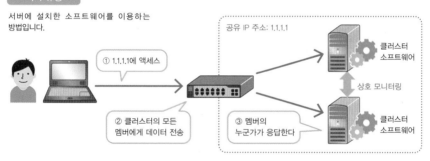

서버 유형

서버에 설치한 소프트웨어를 이용하는 방법입니다.

공유 IP 주소: 1.1.1.1

① 1.1.1.1에 액세스

클러스터 소프트웨어

상호 모니터링

② 클러스터의 모든 멤버에게 데이터 전송

③ 멤버의 누군가가 응답한다

클러스터 소프트웨어

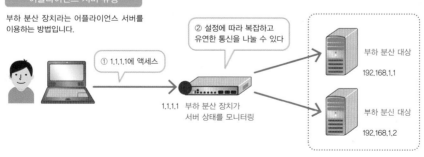

어플라이언스 서버 유형

부하 분산 장치라는 어플라이언스 서버를 이용하는 방법입니다.

① 1.1.1.1에 액세스

② 설정에 따라 복잡하고 유연한 통신을 나눌 수 있다

부하 분산 대상
192.168.1.1

1.1.1.1 부하 분산 장치가 서버 상태를 모니터링

부하 분산 대상
192.168.1.2

6 _ 서버를 장애로부터 지킨다

지리적으로 멀리 떨어진 곳에 서버를 분산해 재해에 대비한다

광역 부하 분산 기술

지리적으로 떨어진 사이트(장소)에 있는 서버로 통신을 나눠 부하를 분산하는 기술을 '광역 부하 분산 기술'이라 부릅니다. 서버 부하 분산 기술의 하나인 DNS 라운드 로빈으로도 물리적으로 다른 사이트의 IP 주소를 여럿 등록하면, 다른 사이트의 서버로 통신을 나눌 수 있습니다. 그러나 DNS 라운드 로빈은 서버 장애 시에도 그것을 감지할 수 없거나, 통신을 균등하게 분배할 수 없는 등 부하 분산이라는 관점에서 보면 여러 문제를 갖고 있습니다. 그래서 그 문제를 해결하고 성능을 향상한 것이 광역 부하 분산 기술입니다.

광역 부하 분산 기술은 온프레미스 환경이라면 부하 분산 장치에 광역 부하 분산용 소프트웨어 라이선스를 추가해서 사용할 수 있습니다. 예를 들어 F5 네트웍스의 BIG-IP 시리즈인 경우, BIG-IP DNS 소프트웨어 라이선스를 추가합니다. 그리고 클라우드 서비스 사업자가 광역 부하 분산 서비스를 제공하므로, 그것을 사용할 때가 많을 것입니다. AWS의 Route 53, Azure의 Azure Traffic Manager가 광역 부하 분산 서비스입니다.

광역 부하 분산 기술은 광역 부하 분산 장치가 DNS 서버(콘텐츠 서버)가 되어, 광역 부하 분산 대상이 되는 도메인명의 IP 주소를 반환합니다. 광역 부하 분산 장치는 각 사이트의 상태(서비스 기동 현황이나 네트워크 사용률 등)를 감시해, 그 결과에 따라 응답하는 IP 주소를 변경함으로써, 부하 분산을 구현합니다. 광역 부하 분산 기술은 부한 분산으로서의 목적보다 재해가 발생했을 때 다른 사이트에 서비스를 계속 제공하는 재해 대책의 목적에서 사용하는 경우가 많습니다. 그래서 여기에서는 서울 사이트와 대전 사이트에서 웹서버를 운용하는 경우의 예를 들어 설명합니다. 평상시 양 사이트의 광역 부하 분산 장치는 설정을 동기화하거나, 서로 정보를 교환하면서 광역 부하 분산 대상이 되는 도메인의 문의에 대해, 서울 사이트의 웹 서버의 IP 주소를 반환합니다. 서울 사이트가 재해 등으로 다운되면, 서울 사이트의 광역 부하 분산 장치가 응답을 하지 않게 되며, 대전 사이트의 광대역 부하 분산 장치가 대전 사이트의 웹 서버 IP 주소를 반환하게 됩니다. 이에 따라 클라이언트는 대전 사이트의 웹서버에 접근하게 되며, 재해 시에도 서비스를 계속 제공할 수 있습니다.

그림과 작동 원리로 쉽게 이해하는 서버의 기초

아파치의 정식 명칭은 Apache HTTP Server로, 비영리 단체인 아파치 소프트웨어 재단Apache Software Foundation에 서 개발/공개합니다. IIS는 마이크로소프트가 개발/공개하는 제품입니다.

플러스
1

● 지리적으로 떨어진 사이트를 준비해 서비스를 지속한다

각 사이트에 배치된 광역 부하 분산 장치가 DNS 서버가 되어, 사용 가능한 서버의 IP 주소 정보를 반환합니다.

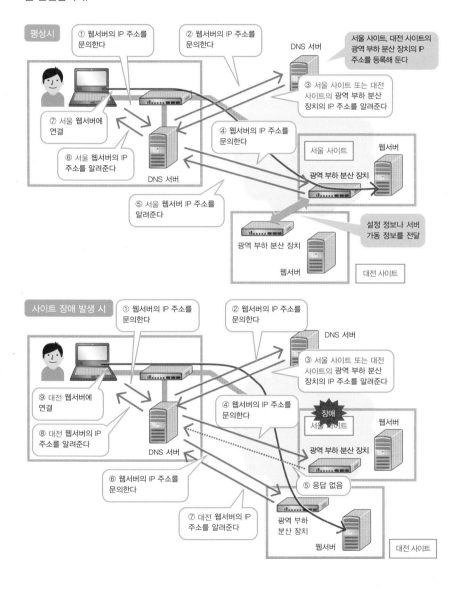

계획 정전은 전원 복구 시 주의

온프레미스에 설치한 서버가 절대로 피할 수 없는 것이 '계획 정전'입니다. 시스템 관리자는 사람이 거주하는 빌딩의 전원 공사나 회사 전체의 유지보수일 등, 다양한 이유로 계획 정전에 대응해야만 합니다. '긴급한 정전이 아니라, 미리 날짜와 시간이 정해진 정전이니 전원을 끊는 것뿐 아닌가'라고 생각하지는 않았습니까?(←어렸을 적의 저는…) 계획 정전을 얕봐서는 안됩니다. 한 번이라도 경험해 보면 알게 될 것이라 생각하지만, '설령 계획 정전이라 해도, 정전은 정전'입니다. 계획 정전 대응은 시스템 관리자가 총력을 기울여야 할 전투입니다.

먼저 정전 시 대응입니다. 정전 시 UPS가 있다면 UPS에 종료 처리를 맡기면 됩니다. 갑자기 정전이 될 때와 마찬가지입니다.

UPS가 없다면 직접 종료 처리를 합니다. 그리고 종료할 기기의 순서에 충분히 주의해야 합니다. 순서가 잘못되면 정전 시 전원이 복구됐을 때 서버가 작동하지 않을 가능성이 있습니다. '서버' → '스토리지' → '네트워크 기기' 순서로 종료해야 합니다. 종료 처리를 완료했다면, 모든 기기가 종료됐는지 확인하고 정전에 대비합니다.

다음으로 전원이 복구됐을 때의 처리입니다. 사실 계획 정전은 정전 시보다도 전원 복구 시가 더 중요합니다. 정전과 마찬가지로 UPS가 있다면 UPS에 기동 처리를 맡기면 됩니다. UPS가 없다면 직접 기동 처리를 해야 합니다. 전원 복구 시는 정전 시와 반대로 '네트워크 기기' → '스토리지' → '서버' 순서로 기동합니다. 상시 가동이 기본인 서버는 한번 전원이 꺼지면 잘 기동하지 않는 경우가 가끔 있습니다. 그럴 때의 보험으로 유지보수 벤더의 대기를 의뢰하거나, 유지보수 부재를 미리 확보하는 등 사전에 준비를 해 두는 것이 좋습니다. 모든 기기가 기동한 것을 확인하고, 가장 마지막으로 모든 서비스가 문제없이 작동하는지 확인한 뒤 계획 정전 대응을 완료합니다.

7

서버 보안

인터넷은 바이러스나 부정 접근, 변조나 도청 등 다양한 위협으로 가득 찬 세계입니다. 이번 장에
서는 인터넷에 만연한 위협에서 서버를 지키기 위해 필요한 기기나 그 기능에 관해 설명합니다.

인터넷에 숨은 위협과 취약성

시스템에 있어 보안 리스크는 '위협'과 '취약성'의 두 가지 요소(리스크 인자)의 관계에서 성립합니다.

'위협'은 시스템에 장애를 줄 가능성이 있는 사고의 잠재적인 원인을 나타냅니다. 인터넷은 전 세계의 사용자가 공중 네트워크를 사용해 정보를 전달하는 혼돈의 세계입니다. 컴퓨터 바이러스나 부정 접근, DoS$^{Denial\ of\ Service}$(서비스 거부) 공격, 도청 등 수없이 다양한 위협이 가득합니다.

'취약성'은 시스템애 존재하는 약점 또는 결함을 나타냅니다. 소프트웨어의 버그나 보안 구멍, 바이러스 대책 부재 등 시스템은 100% 어딘가에 무언가의 취약성을 안고 있습니다. 취약성은 그 자체로부터 특별히 무언가 발생하는 것은 아닙니다. 시스템이 안고 있는 취약성을 위협이 뚫었을 때 보안 리스크가 되고, 정보 누출이나 업무 정지 등 다양한 손실로 이어집니다. 컴퓨터 바이러스를 예로 들어보면, 바이러스 대책 소프트웨어를 설치하지 않은 '취약성' 그 자체는 문제가 되지 않습니다. 컴퓨터 바이러스라는 '위협'이 그 취약성을 뚫고 들어오는 순간, 그것이 리스크가 됩니다.

🔳 보안 대책은 PDCA로 향상을 도모한다

인터넷의 위협은 인터넷을 사용하는 한 계속해서 존재합니다. 그래서 인터넷상의 위협에 대항할 수 있도록 정기적으로 보안 패치(수정 프로그램)를 적용하거나, 보안 제품으로 방어하는 등의 대책을 수립해 나갑니다. 대책을 수립할 때는 모든 보안 리스크에 대응할 필요는 없습니다. 어느 정도의 리스크는 허용하고, 영향도가 클 것으로 판단되는 것만 선별적으로 대응합니다. 그리고 보안 대책은 한 번 실시한다고 끝나는 것이 아닙니다. 보안은 악의적인 사용자와의 장기전입니다. 계획^{Plan} → 실행^{Do} → 검사^{Check} → 수정^{Action}이라는 PDCA 사이클을 정기적으로 실시하고, 보안 수준을 나선형의 형태로 향상시켜가야 합니다.

보안 리스크의 영향도를 분석할 때는 각 시스템에 대해 '자산 가격', '위협', '취약성', '보안 요건'을 평가하여 정 플러스
리합니다.   1

● **공개 서버는 인터넷상의 위협에 대항해야 한다**

인터넷은 전 세계의 사용자가 사용하는 공중 네트워크이며, 악의를 가진 사람들도 확실하게 존재합니다.

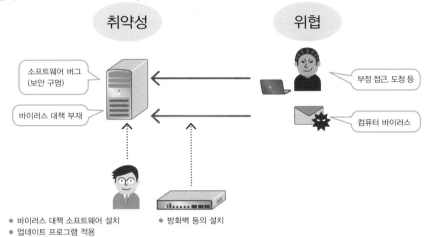

시스템 관리자는 다양한 위협에 대항해야 합니다. 단, 모든 위협에 대항할 필요는 없으며, 어느 정도의 리스크는 허용하고 영향도가 큰 것에 대응하는 것이 좋습니다.

● **정기적으로 PDCA 사이클을 실시한다**

보안 리스크는 변화합니다. 그렇기 때문에 대책을 한 번 실시했다고 끝나는 것이 아니라, 정기적으로 PDCA 사이클을 실시합니다.

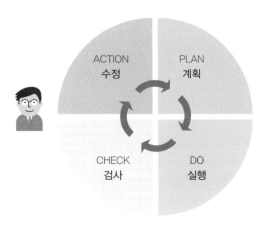

관련
용어 업데이트 프로그램 _ p.174 / 방화벽 _ p.154

02 방화벽으로 서버를 보호한다

인터넷에 서버를 공개할 때 가장 고려할 점이 보안입니다. 인터넷은 다양한 사람들이 혼돈스럽게 존재하는 위험한 세계입니다. 그로부터 서버를 지키기 위해 네트워크의 출입구에 배치하는 것이 '방화벽'입니다.

방화벽은 IP 주소와 포트 번호로 통신을 제어하는 방화벽^{traditional firewall}, 다양한 보안 기능과 보고 기능을 통합한 차세대 방화벽, 웹서비스 방어에 특화된 웹 애플리케이션 방화벽^{WAF: Web Application Firewall}의 세 가지로 나눌 수 있습니다. 어떤 방화벽을 선택할 것인지는 '어떤 기능이 필요한가'에 따라 결정합니다. 예를 들어, 사용자로부터의 인터넷에 대한 통신을 시각화하고 싶을 때는 차세대 방화벽을 선택합니다. 그리고 웹서비스 시스템을 애플리케이션 수준에서 방어하고 싶을 때는 WAF를 선택합니다.

▐ 보안 정책을 결정한다

어떤 방화벽을 사용할 것인지 결정했다면, 어떤 통신을 허가하고 어떤 통신을 거부할 것인지에 관한 '방화벽 규칙'을 결정합니다. 방화벽 규칙을 결정할 때는 먼저 어디(어떤 IP 주소)부터 어디(어떤 IP 주소)까지에 대해, 어떤(어떤 프로토콜의 어떤 포트 번호) 통신이 존재하는지 통신 요건을 도출합니다. 다음으로 해당 통신 요건을 인터넷으로부터 LAN에 대한 통신(인바운드 통신)인지, LAN으로부터 인터넷에 대한 통신(아웃바운드 통신)인지 분류합니다. 그 뒤, 인바운드 통신은 원칙적으로 거부하고 필요 최소한으로 허가, 아웃바운드 통신은 원칙적으로 허가하고 필요 최소한으로 거부하는 방침에 기반해 방화벽 규칙을 설정합니다. 예를 들어, 웹서버를 인터넷에 공개한다면 인터넷으로부터 웹서버에 대한 HTTP와 HTTPS의 인바운드 통신 요건이 있을 것입니다. 그에 맞춰 인터넷(모든 IP 주소)으로부터 웹서버의 IP 주소에 대해 HTTP와 HTTPS만 허가하고, 그 밖의 통신은 거부합니다.

그림과 작동 원리로 쉽게 이해하는 서버의 기초

방화벽은 가는 패킷의 정보를 보고, 돌아오는 패킷을 위한 방화벽 규칙을 동적으로 추가합니다. 이 기능을 '스테이트풀 인스펙션^{stateful inspection}'이라 부릅니다.

플러스
1

● 방화벽의 작동

인터넷에 공개하는 서버나 인터넷에 연결하는 사용자는 **방화벽**이라는 기기로 보호합니다. 방화벽을 사용하면 IP 주소나 포트 번호 등의 정보를 기반으로, 통신을 허용하거나 거부할 수 있습니다.

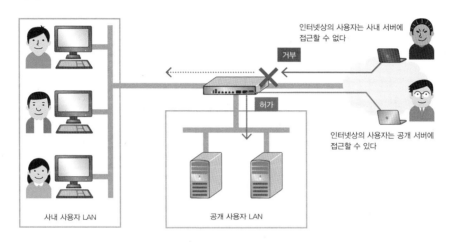

인터넷상의 사용자는 사내 서버에 접근할 수 없다

거부

허가

인터넷상의 사용자는 공개 서버에 접근할 수 있다

사내 사용자 LAN

공개 사용자 LAN

● 방화벽 준비 순서

1 방화벽의 종류를 결정한다

어떤 통신을 어디까지 방어할 것인지에 따라, 사용할 방화벽이 결정됩니다. 방화벽의 종류에 관해서는 다음 절 이후에서 설명합니다.

2 보안 정책을 결정한다

통신 요건을 도출한 뒤, 방화벽에 적용할 보안 정책을 설정합니다. 인바운드 통신은 원칙적으로 거부, 아웃바운드 통신은 원칙적으로 허가라는 방침을 기반으로 결정해 나갑니다.

┌─ 통신 요건

송신원(어디에서)	수신지(어디에 대해)	프로토콜(어떤 통신이 있는가)
인터넷	웹서버 #1	HTTP(TCP 80번), HTTPS(TCP 443번)
인터넷	웹서버 #2	HTTP(TCP 80번), HTTPS(TCP 443번)

└─→ 방화벽 규칙

송신원 IP 주소	수신지 IP 주소	프로토콜	송신원 포트 번호	수신지 포트 번호	제이
보는 IP 주소	웹서버 #1	TCP	모든 포트 번호	80, 443	허가
모든 IP 주소	웹서버 #2	TCP	모든 포트 번호	80, 443	허가
모든 IP 주소	모든 IP 주소	모든 프로토콜	모든 포트 번호	모든 포트 번호	거부

7_서버 보안

155

관련 용어 차세대 방화벽 _ p.162 / 포트 번호 _ p.46 / HTTP _ p.116 / HTTPS _ p.118 / IP 주소 _ p.38 / 웹 애플리케이션 방화벽 _ p.164

방화벽 선정 방법

앞 절에서 설명한 것처럼 현재 방화벽은 세 종류로 나눌 수 있습니다. IP 주소와 포트 번호로 통신을 제어하는 '전통적인 방화벽', 다양한 보안 기능과 보고 기능을 통합한 '차세대 방화벽', 웹서비스 방어에 특화된 '웹 애플리케이션 방화벽(WAF)'입니다. 여기에서는 어떤 상황에서 어떤 방화벽을 설정하는지에 관해 조금 더 살펴봅니다.

▌ 세 종류의 방화벽

최소한으로 필요한 보안 레벨로 충분하다면 전통적인 방화벽을 선택합니다. IP 주소와 포트 번호로 통신을 제어하므로, 단순한 사이버 공격만 막을 수 있지만 가격이 저렴하고 손쉽게 도입할 수 있습니다. 최근에는 가정용 Wi-Fi 라우터도 이 기능을 갖고 있어, 일반화됐다는 느낌입니다.

보안 관련 관리를 간단하게 하고 싶다면 차세대 방화벽을 선택합니다. 차세대 방화벽은 전통적인 방화벽이 진화한 것입니다. 전통적인 방화벽에서 수행할 수 있는 IP 주소와 포트 번호를 사용한 통신 제어를 제공하며 추가로 IDS(부정 침입 감지 시스템)/IPS(부정 침입 방어 시스템)과 VPN, 안티바이러스 기능 등 다양한 보안 기능을 지원하는 등 통합화를 도모합니다. 그리고 IP 주소나 포트 번호뿐만 아니라 다양한 정보를 애플리케이션 수준에서 해석함으로써, 전통적인 방화벽보다 한 차원 높은 보안 및 운용 관리성을 제공합니다.

인터넷에 공개하는 웹서비스를 애플리케이션 수준에서 보호해야 한다면 웹 애플리케이션 방화벽(WAF)을 선택합니다. WAF는 웹서비스의 취약성을 노리는 공격을 감지하고 차단합니다. 사이버 공격은 애플리케이션 수준에 가까운 공격일수록 복잡하고 정교합니다. WAF는 웹라우저와 웹서버 사이의 모든 통신을 감시해 애플리케이션 수준의 제어를 수행합니다.

그림과 작동 원리로 쉽게 이해하는 사이버의 기초

과거에는 방화벽이라고 하면 전통적인 방화벽이라는 느낌이었으나, 현재는 차세대 방화벽이 주류입니다. 플러스 1

방화벽의 종류

방화벽 제품은 세 종류로 분류할 할 수 있습니다.

종류	설명	선정 이유
전통적인 방화벽	IP 주소와 포트 번호로 통신 제어를 수행한다	단순한 사이버 공격을 방지하면 충분한 경우
차세대 방화벽	다양한 보안 기능을 통합 수행한다	보안 관련 관리를 쉽게 하고 싶은 경우
웹 애플리케이션 방화벽	웹서비스에 관해 애플리케이션 수준의 통신 제어를 수행한다	인터넷에 공개하는 웹서비스를 사이버 공격으로부터 방어하고 싶은 경우

전통적인 방화벽

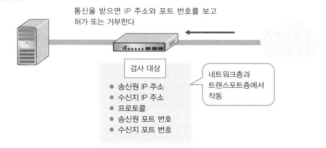

차세대 방화벽

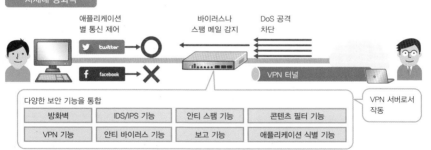

웹 애플리케이션 방화벽

관련
용어   웹 애플리케이션 방화벽 _ p.164 / 차세대 방화벽 _ p.162 / 포트 번호 _ p.46 / IDS/IPS _ p.160 / IP 주소 _ p.38

보안 영역과 서버 배치

같은 보안 수준을 가진 네트워크의 집합을 보안 영역^{security zone}이라 부릅니다. 일반적인 시스템은 방화벽을 중심으로 '비신뢰 영역', 'DMZ', '신뢰 영역'의 세 가지 보안 영역으로 구성됩니다.

▦ 세 가지 보안 영역

비신뢰^{Untrust} 영역은 방화벽 바깥쪽에 배치하는, 시스템이 신뢰할 수 없는 영역입니다. 보안 수준이 가장 낮고, 다양한 서버를 배치하기에 적합하지 않으며 배치해서는 안 됩니다. 인터넷에 연결되어 있는 환경이라면, 비신뢰 영역 = 인터넷입니다. 방화벽은 비신뢰 영역으로부터의 위협에 대비하는 것입니다. 그리고 클라우드 서비스상의 서버는 비신뢰 영역에 위치한 것처럼 보이지만, 클라우드 서비스 내에서 신뢰 영역에 위치하고 있으며 보안 수준 역시 비교적 높게 유지됩니다.

DMZ는 비신뢰 영역과 신뢰 영역 사이의 완충 역할을 하는 영역입니다. 보안 수준은 비신뢰 영역보다 높고, 신뢰 영역보다는 낮은 중간 정도입니다. DMZ에는 웹서버나 DNS 서버, 프락시 서버 등 비신뢰 영역(인터넷)과 직접 통신하는 공개 서버를 배치합니다. 공개 서버는 불특정 다수의 클라이언트가 접근하는, 보안 관점에서 가장 위험한 서버입니다. 인터넷으로부터의 사이버 공격에 견딜 수 있도록 다른 영역으로부터의 통신을 최소한으로 제한합니다.

신뢰^{Trust} 영역은 방화벽의 안쪽에 배치하는, 시스템이 신뢰할 수 있는 영역입니다. 보안 수준이 가장 높고, 절대 사수해야 하는 영역입니다. 신뢰 영역에는 도메인 컨트롤러나 파일 서버 등 인터넷에 공개하지 않는 사내 서버나 사내 사용자를 배치합니다. 신뢰 영역은 다른 영역으로부터의 통신을 기본적으로 거부하며, 다른 영역으로 향하는 통신은 기본적으로 허가합니다. 그리고 VPN 등으로 연결되어 있는 타 거점도 신뢰 영역에 포함됩니다. 마찬가지로 높은 보안 수준을 갖습니다.

이렇게 방화벽을 중심으로 보안 수준이 다른 보안 영역으로 나눠 방어하는 것을 '경계형 방어'라 부릅니다.

방화벽을 중심으로 한 세 개의 보안 영역

일반적인 시스템은 방화벽을 중심으로 세 개의 보안 영역으로 나뉩니다. 외부에 공개하는 서버는 DMZ, 공개하지 않는 서버는 신뢰 영역에 배치합니다.

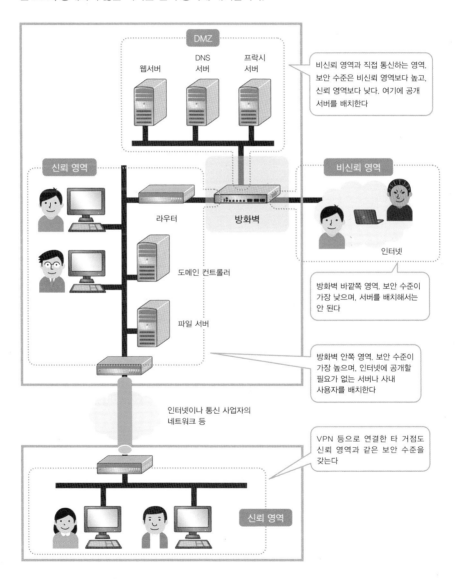

DMZ

웹서버 　DNS 서버 　프락시 서버

비신뢰 영역과 직접 통신하는 영역. 보안 수준은 비신뢰 영역보다 높고, 신뢰 영역보다 낮다. 여기에 공개 서버를 배치한다

신뢰 영역

비신뢰 영역

라우터 　방화벽

인터넷

도메인 컨트롤러

방화벽 바깥쪽 영역. 보안 수준이 가장 낮으며, 서버를 배치해서는 안 된다

파일 서버

방화벽 안쪽 영역. 보안 수준이 가장 높으며, 인터넷에 공개할 필요가 없는 서버나 사내 사용자를 배치한다

인터넷이나 통신 사업자의 네트워크 등

VPN 등으로 연결한 타 거점도 신뢰 영역과 같은 보안 수준을 갖는다

신뢰 영역

7 _ 서버

IDS와 IPS

'IDS^Intrusion Detection System(침입 감지 시스템)'과 'IPS^Intrusion Prevention Systems(침입 방지 시스템)'은 통신의 움직임을 보고 서버에 대한 DoS(서비스 방해) 공격이나 부정 접근을 감지하거나, 방어하는 기기(기능)입니다. 과거에는 IDS/IPS 기기를 별도로 도입하는 경우가 많았지만, 최근에는 차세대 방화벽 안의 기능의 하나로 포함되어 있기 때문에 별도 기기로 도입하는 경우는 거의 없습니다.

▌▌ IDS로 침입을 감지

IDS는 통신의 작동으로부터 침입을 감지하는 기능입니다. IDS는 의심되는 통신의 작동이나 공격 패턴을 '시그니처'라는 형태로 저장합니다. 시그니처는 바이러스 대책 소프트웨어에서의 패턴 파일과 같은 것입니다. 시그니처는 지정한 시각에 자동으로 업데이트되거나 수동으로 업데이트합니다. IDS는 서버로의 통신을 받으면, 시그니처를 조합해 부정 통신으로 식별되면 관리자에게 알람을 보냅니다. 경고를 받은 관리자는 서버의 접근 로그^access log를 보거나, 방화벽 규칙을 업데이트해서 대응합니다.

▌▌ IPS로 침입을 방어

IPS는 통신의 작동으로부터 공격이나 부정 침입을 방어하는 기능입니다. IPS는 IDS를 개량한 버전으로 서버에 대한 부정 통신이 시그니처로 감지되면 즉시 차단합니다. 결과적으로 IDS의 경우 발생하는 관리자의 수고를 줄일 수 있습니다. 최근에는 공격이나 침입 방법이 매우 복잡화/정교화되어 부정 통신 여부를 기계적으로 판단하기 어렵습니다. 그래서 먼저 IDS로 감지만 수행하고, 서버 상태를 확인한 뒤 IPS로 차단하는 경우가 많습니다. 그리고 IDS/IPS는 운영 관리가 핵심입니다. 도입하는 것에서 만족하고 끝날 것이 아니라 이후에도 환경에 따라 설정을 확실하게 커스터마이즈 해 나가는 것이 중요합니다.

그림과 작동 원리로 쉽게 이해하는 서버의 기초

IDS와 IPS에는 네트워크 기기로 감시하는 '네트워크 타입', 서버로 감시하는 '호스트 타입', 클라우드 서비스로 감시하는 '클라우드 타입'이 있습니다.　플러스 1

● IDS(침입 감지 시스템)

IDS는 네트워크를 흐르는 이상한 통신을 감지해서 로그 서버의 로그 파일에 로그(log, 기록)를 남기거나, 관리자에게 알립니다. 감지만 하고 통신을 차단하지는 않습니다.

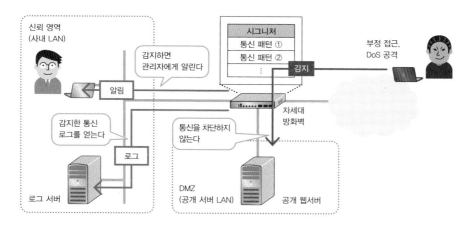

● IPS(침입 방지 시스템)

IPS는 네트워크를 흐르는 이상한 통신을 감지해서 로그 서버의 로그 파일에 로그를 남기거나, 관리자에게 알립니다. 그리고 통신을 차단하고 침입을 방지합니다.

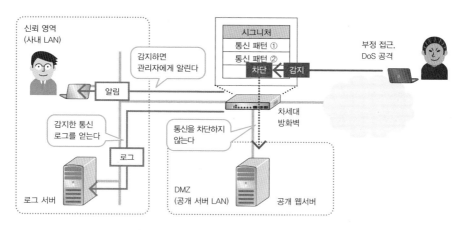

최근에는 공격이나 침입 방법이 매우 복잡화/정교화되어 부정 통신 여부를 기계적으로 판단하기 어렵습니다. 그래서 먼저 IDS로 감지만 수행하고, 서버 상태를 확인한 뒤 IPS로 차단하는 경우가 많습니다.

관련 용어 차세대 방화벽 _ p.162 / Syslog 서버 _ p.186

차세대 방화벽

차세대 방화벽은 보안에 관한 다양한 기능을 한데 모은 방화벽입니다. 구체적으로는 서버에 대한 부정 침입을 감지/방어하는 'IDS/IPS 기능', 바이러스를 체크하는 '안티 바이러스 기능', 통신 중인 애플리케이션을 식별하는 '애플리케이션 식별 기능', 거점 간 및 원격 VPN 연결을 수행하는 'VPN 기능' 등을 통합합니다. 차세대 방화벽은 이제까지 개별 기기에서 수행하던 보안 기능을 한 대의 기기에 종합할 수 있으므로, 기기 비용을 크게 낮추거나 보안에 관한 운용 관리를 쉽게 할 수 있습니다. 차세대 방화벽의 유명한 팔로알토 네트웍스의 PA 시리즈, 포티스넷의 FortiGate 시리즈입니다.

▐▌ 보안 정책을 결정한다

차세대 방화벽에서 특히 중요한 기능이 '애플리케이션 식별 기능'과 '보고 기능'입니다.

애플리케이션 식별 기능은 IP 주소나 포트 번호뿐만 아니라, 여러 요소로부터 애플리케이션을 식별하는 기능입니다. HTTPS의 예를 들어, 설명합니다. HTTPS는 현재 사이트 열람뿐만 아니라, 파일 송수신이나 메시지 교환 등, 다양한 작동을 구현합니다. 그리고 TCP 443 포트를 HTTPS와 함께 묶는 것이 아니라, URL이나 콘텐츠 정보, 확장자 등 다양한 정보를 보고, 더욱 세분화합니다. 예를 들어, 지금까지의 방화벽은 HTTPS를 허가하면 유튜브도 볼 수 있고, 트위터도 볼 수 있었습니다. 애플리케이션 식별 기능을 사용하면 유튜브는 허가, 트위터는 거부와 같이 유연한 제어를 수행할 수 있습니다.

보고 기능은 애플리케이션 식별 기능을 통해 식별한 정보를 클래스나 테이블로 정리해, 관리자가 쉽게 보고 이해할 수 있도록 하는 기능입니다. 어떤 사람이 어떤 애플리케이션을 얼마나 사용하고 있는가는 관리자에게 매우 중요한 문제입니다. 이제까지의 방화벽은 그 정보를 정리하기 위해 별도 서버를 제공하고 직접 정리해야 했습니다. 보고 기능을 사용하면 그 노력을 하지 않아도 되므로 업무 부하를 줄일 수 있습니다.

차세대 방화벽이란

차세대 방화벽은 보안에 관련된 다양한 기능을 통합한 제품입니다.

보안 기능	설명
방화벽 기능	IP 주소와 포트 번호에 기반해 통신을 제어한다.
IDS/IPS 기능	통신의 작동을 보고 침입이나 공격을 감지하고 방어한다.
안티 스팸 기능	스팸 메일을 감지하고 필요에 따라 방어한다.
콘텐츠 필터 기능	열람할 수 있는 웹사이트를 한정한다.
VPN 기능	VPN 서버가 되어, 원격 접속 VPN을 받는다. 그리고 거점 간 VPN으로 연결한다.
안티 바이러스 기능	바이러스를 감지하고 방어한다.
보고 기능	누가 어떤 통신을 하고 있는지 보고하고, 통신을 시각화한다.
애플리케이션 식별 기능	여러 요소로부터 애플리케이션을 식별하고 통신을 제어한다.

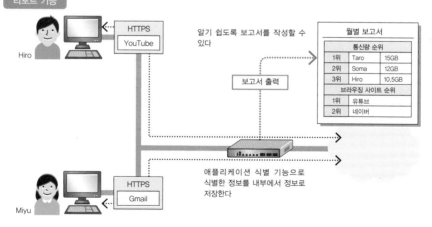

애플리케이션 식별 기능

필터링 규칙	
애플리케이션	액션
YouTube	허가
Twitter	거부

HTTPS YouTube

HTTPS Twitter

여러 요소를 통해 애플리케이션을 식별하고, 애플리케이션별로 제어한다

리포트 기능

Hiro

HTTPS YouTube

알기 쉽도록 보고서를 작성할 수 있다

보고서 출력

월별 보고서		
통신량 순위		
1위	Taro	15GB
2위	Soma	12GB
3위	Hiro	10.5GB
브라우징 사이트 순위		
1위	유튜브	
2위	네이버	

Miyu

HTTPS Gmail

애플리케이션 식별 기능으로 식별한 정보를 내부에서 정보로 저장한다

7_ 서버 보안

관련 용어 HTTPS _ p.118 / SNMP _ p.188 / TCP _ p.46 / URL _ p.116

웹 애플리케이션 방화벽

웹서비스 방어에 특화된 방화벽이 '웹 애플리케이션 방화벽(WAF)'입니다. 방화벽과 IDS/ IPS의 수비 범위는 네트워크층(IP 주소)에서 트랜스포트층(포트 번호)까지입니다. 그렇기 때문에 설령 방화벽에서 HTTP/HTTPS만을 허가해서 공격에 대비하더라도, 웹서비스의 취약성을 집중해서 공격당하면 방어할 수 없습니다. WAF는 포트 번호뿐만 아니라, HTTP로 전달되는 데이터 모두를 애플리케이션 레벨에서 감시해 통신을 제어합니다. WAF에는 서버 소프트웨어로 도입하는 호스트 타입, 클라우드의 SaaS로 제공되는 SaaS 타입, 어플라이언스 서버로 도입하는 어플라이언스 서버 타입의 세 종류가 있습니다.

웹서비스에 대한 대표적인 공격 방법으로 데이터베이스 서버와의 연동에 사용하는 SQL문을 사용해 공격하는 'SQL 주입', 웹브라우저의 표시 처리를 사용해 공격하는 '크로스 사이트 스크립팅', 가짜 웹사이트로부터 의도치 않은 HTTP 요청을 던지는 '크로스 사이트 요청 위조(CSRF)'가 있습니다. 위 공격 방법들은 모두 중요한 정보를 누출하거나, 다른 사람의 정보를 변조하는 등의 다양한 작업이 가능해 큰 경제적 손실, 고객 신용도 하락으로 이어집니다.

WAF는 이런 공격 방법에 대항하기 위해 다양한 공격 방법의 템플릿을 시그니처로 저장합니다. WAF는 웹서비스의 입구에 있는 웹서버에 대한 HTTP 요청에 포함된 데이터(HTTP 헤더나 HTML 데이터) 전체를 시그니처와 맞춰봅니다. 그리고 시그니처와 일치하면 로그를 출력하거나 통신을 차단합니다. 시그니처는 지정한 시각에 자동으로 또는 수동으로 업데이트할 수 있습니다. WAF를 도입할 때는 필요한 통신을 차단(오감지)해버리지 않도록 처음에는 통신을 차단하지 않고 통과시켜, WAF에 어떤 통신이 흐르는지 확인합니다. 일정 기간 확인한 뒤 해당 정보를 바탕으로 통신의 허가 및 거부 여부를 판단합니다. 그리고 그 뒤에도 흐르는 통신을 계속 확인하면서 정기적이고 지속적으로 설정을 다듬어 갑니다.

HTTPS의 웹서비스의 경우에는 WAF에서 SSL/TLS를 복호화해서 검사한 뒤, 웹서버에 전달합니다. 플러스 1

● 웹 애플리케이션 방화벽의 작동

웹 애플리케이션 방화벽은 전달되는 HTTP의 내용까지 확인해서 웹서비스에 대한 공격을 검출합니다.

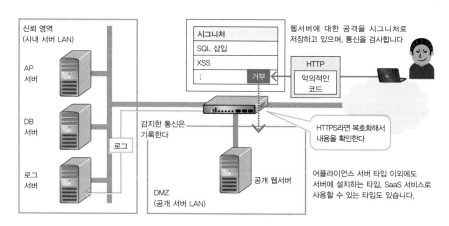

● 웹서비스에 대한 대표적인 공격 방법

공격	설명
SQL 삽입	웹서비스로부터 데이터베이스에 연결하는 부분의 취약함을 공격. 데이터베이스를 변조하거나, 부정하게 데이터를 삽입한다.
크로스 사이트 스크립팅 (XSS)	웹브라우저의 취약점을 사용해 공격자가 생성한 HTML 타입 또는 자바스크립트를 일반 사용자의 브라우저 위에서 표시 및 실행하는 공격. 브라우저에 가짜 신용 카드 번호 입력 화면을 표시하거나, 일반 사용자와 서버 사이의 연결을 훔치는 등 다양한 공격을 수행할 수 있다
크로스 사이트 요청 변조 (CSRF)	어떤 사이트에 로그인 중인 사용자에게 함정을 심은 페이지를 보여주고, 공격자가 제공한 웹사이트에 한 요청을 사용자에게 실행하도록 하는 공격. SNS에 대한 의도하지 않은 게시물 작성, 온라인 쇼핑 사이트에서의 제품 구매 등을 시킬 수 있다.

● WAF 도입 흐름

WAF를 도입할 때는 필요한 통신을 차단(오검지)하지 않도록, 확실한 단계를 밟아야 합니다.

Step1	Step2	Step3	Step4
● 서버 환경이나 애플리케이션 환경을 조사한다 ● 보안 정책을 수립한다 ● 잠정적인 설정값을 결정한다	● Step1에서 결정한 잠정적인 설정값을 적용한다 ● 일정 기간 검사한 로그를 로그 서버로 계속 출력한다	● 검사한 로그를 확인한다 ● 통신 허가/거부 여부를 판단하고 프로덕션에 적용할 설정값을 결정한다	● 프로덕션에 설정값을 적용한다 ● 정기적이고 지속적으로 Step1 부터 반복한다

7_ 서버 보안

메일 보안 대책

스팸 메일이나 바이러스 메일 대책 등, 메일 보안 기능에 특화한 시스템들을 '메일 보안 시스템'이라 부릅니다. 방화벽이나 IDS/IPS가 커버할 수 있는 범위는 네트워크층(IP 주소)부터 트랜스포트층(포트 번호)까지입니다. 그렇기 때문에 방화벽에서 메일(SMTP)만 허가했다 하더라도, 스팸 메일을 거부할 수는 없으며 첨부 파일에 포함된 바이러스도 감지할 수 없습니다. 메일 보안 시스템은 메일로 전달되는 데이터를 애플리케이션 수준에서 감시하고, 통신을 제어합니다.

세 가지 메일 보안 시스템

메일 보안 시스템에는 어플라이언스 서버를 도입하는 '어플라이언스 타입', 서버에 소프트웨어를 설치하는 '호스트 타입', 클라우드상의 서비스로 제공되는 '클라우드 타입'이 있습니다. 이들의 차이는 어디에서 대응 처리(검사)를 실시하는가입니다. 어플라이언스 서버 타입과 호스트 타입은 DMZ에서 검사를 실시합니다. 클라우드 타입은 클라우드상에 제공된 서비스로 검사를 실시합니다. 기본적인 작동은 크게 다르지 않습니다.

메일 보안 시스템의 기본 작동

메일 보안 시스템의 기본적인 작동은 다음과 같습니다.

① 인터넷에서 보내진 메일을 우선 메일 보안 시스템이 받습니다.

② 메일 보안 시스템은 받은 메일에 대해 송신원 IP 주소 확인, 바이러스 확인 등 여러 검사를 수행합니다.

③ 검사를 합격한 메일을 사내 메일 서버에 전송합니다. 불합격한 메일은 격리하거나 삭제합니다. 격리하는 경우는 수신지 메일 주소의 사용자에게 격리한 내용을 알리는 메일을 전송합니다.

● 메일의 데이터까지 감시해 스팸 메일이나 첨부 파일의 바이러스를 검출한다

방화벽은 SMTP 패킷의 통과 여부는 제어할 수 있지만, 메일의 내용까지는 확인할 수 없습니다. 그렇기 때문에 스팸 메일을 거부하거나 메일에 첨부된 바이러스를 감지하지 못합니다.

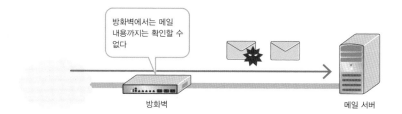

그래서 메일 보안 기능에 특화된 **메일 보안 시스템**을 사용합니다. 메일 서버에 전달하기 전에 메일 보안 시스템을 통과하는 형태가 됩니다.

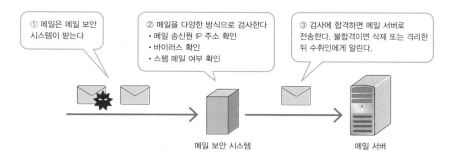

메일 보안 시스템에는 세 가지 타입이 있습니다. 메일을 검사하는 위치가 다르지만, 기본적인 작동은 크게 다르지 않습니다.

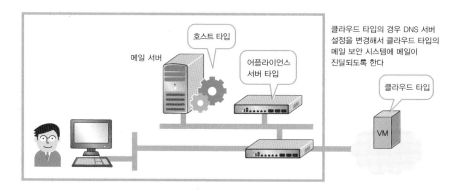

누구도 믿을 수 없다… 새로운 조류, 제로 트러스트

p.158에서 설명한 것처럼 방화벽으로 사내(신뢰 영역)에 있는 사용자나 서버를 보호하는 경계 타입 방어는 보안 모델을 기본으로 하여, 오랜 기간에 걸쳐 일정한 효과를 거둬왔습니다. 하지만 최근 클라우드 서비스 사용이 증가했으며, 재택 근무 등에 따라 업무 환경에 다양화됨에 따라 지켜야 할 정보 자산(데이터나 단말 등)이 사외에도 존재하게 된 결과, 그 경계가 모호해지고 경계 타입의 방어는 한계에 이르게 됐습니다. 이런 상황에서 눈길을 끄는 보안 모델이 제로 트러스트 보안 zero trust security입니다.

제로 트러스트 보안은 이름 그대로 신뢰할 수 있는 것이 제로(없다)라는 관점에서, 성악설적으로 보안을 생각하는 모델입니다. '사내는 방화벽으로 지켜지고 있으니 모두 안심, 안전하다'는 경계형 방어의 성선설 관점의 생각을 버리고, 사외 네트워크 및 사내 네트워크의 통신 등 모든 사용자의 모든 단말에서 일어나는 모든 통신을 인증하고, 안전하다고 판단될 때만 통신을 허가합니다. 그리고 '언제, 누가, 어디에서, 무엇을 했는가'라는 접근 상황을 실시간으로 기록하고 분석해서 보안의 개선에 활용합니다.

제로 트러스트 보안의 개념을 도입하면 장소를 불문하고 필요한 사용자, 필요한 단말의 필요한 통신만 허가되기 때문에 보안 수준이 향상됩니다. 그리고 기존의 경계형 방어로 방어할 수 없었던 사내 네트워크의 위협(부정 접근이나 데이터 유출 등)에도 대응할 수 있습니다. 하지만 한편으로 제로 트러스트 보안을 위해 사용자 ID/비밀번호와 그 접근 관리를 수행하는 IAM Identity and Access Management이나 단말의 작동을 감시하는 EDR Endpoint Detection and Response 등 다양한 보안 제품을 도입해야 하기 때문에 그만큼 비용이 높아지는 경향이 있습니다.

8

서버 운용 관리

시스템의 수명 주기에서 가장 긴 단계는 운용 관리 단계입니다. 이번 장에서는 서버가 클라이언 트에 대해 지속적이고도 안정적으로 서비스를 제공하기 위해 필요한 작업과 대표적인 서버에 관해 설명합니다.

01 서버 운용 관리에서 수행하는 작업

1-06절 '서버 운용 관리'에서도 설명한 것처럼 시스템은 서비스 인$^{service\ in}$과 함께 운용 관리 단계에 들어갑니다. 시스템 관리자는 언제 어떤 때라도 안정적이고 정상적인 서비스를 제공할 수 있도록 설정을 변경하거나 장애에 대응하는 등 다양한 작업을 수행합니다. 여기에서는 운용 관리 단계에서 시스템 관리자가 어떤 작업을 수행하는지, '설정 변경'과 '장애 대응'으로 나누어 각각 설명합니다.

▣ 설정 변경

사용자나 시스템의 요구에 대해 수행하는 작업이 설정 변경입니다. 운용 관리 단계에서 지속적으로 발생합니다. 설정 변경 작업은 주로 다음과 같습니다.

① 사용자 계정 추가, 삭제, 변경

② OS나 애플리케이션 업데이트 프로그램 검증 및 적용

③ OS나 애플리케이션 설정 조정(튜닝)

▣ 장애 대응

장애 대응은 크게 '사전 대응'과 '사후 대응'으로 나눕니다. 장애를 예방 또는 장애 발생을 대비해 미리 수행하는 작업이 사전 대응입니다. 설정 변경과 마찬가지로 지속적으로 발생합니다. 사전 대응 작업은 주로 다음과 같습니다.

① SNMP 서버에 대한 정기적인 성능, 상태, 장애 감시

② Syslog 서버를 통한 에러 로그 감시

③ 백업 데이터 확보

장애가 발생한 후에 수행하는 복구 작업이 사후 대응입니다. 운용 관리 단계에서 돌발적으로 발생합니다 사후 대응 작업은 주로 다음과 같습니다.

① SNMP 서버나 Syslog의 로그 분석 및 그에 따른 대응

② 백업 데이터로부터의 복원

관리자의 작업에서 의외로 익숙해지지 않는 것이 서버룸의 청소입니다. 먼지는 서버에 가장 큰 적입니다. 먼지가 쌓이면 팬이 돌지 않거나 발열이 심해집니다.

● **안정적으로 서비스를 제공하기 위해서는 다양한 작업이 필요**

운용 관리 단계에 들어간 서버가 안정적, 정상적으로 서비스를 제공할 수 있도록 하는 것이 시스템 관리자의 역할입니다.
관리자의 작업은 주로 '설정 변경'과 '장애 대응'입니다.

설정 변경　　　　　장애 대응

구체적인 작업 항목에는 다음과 같은 것들이 있습니다.

작업 분류		작업 항목	관련 절
설정 변경		사용자 계정 추가, 삭제, 변경	—
		OS나 애플리케이션 업데이트 프로그램 검증 및 적용	8-03 8-04
		OS나 애플리케이션 설정 조정	—
장애 대응	사전 대응	SNMP 서버를 통한 정기적인 성능, 상태, 장애 감시	8-10
		Syslog 서버를 통한 에러 로그 감시	8-09
		백업 데이터 확보	8-05
	사후 대응	SNMP 서버나 Syslog 서버의 로그 분석 및 그에 따른 대응	8-09 8-10
		백업 데이터로부터의 복구	8-05

운용 관리를 위한 서비스를 제공하는 서버들도 있습니다. 이번 장에서는 각 서버에 관해 구체적으로 설명합니다.

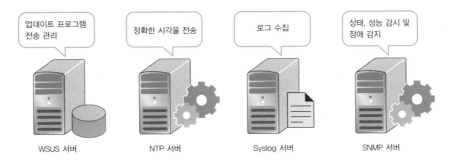

업데이트 프로그램 전송 관리 — WSUS 서버

정확한 시각을 전송 — NTP 서버

로그 수집 — Syslog 서버

상태, 성능 감시 및 장애 감지 — SNMP 서버

관련 용어　백업 _ p.178 / NTP 서버 _ p.184 / SNMP 서버 _ p.188 / Syslog 서버 _ p.186 / WSUS _ p.176

서버 원격 관리

서버를 일단 설치하고 나면 장애 대응이나 정기 점검 등, 어지간한 상황이 아닌 이상 그 앞에서 작업할 일이 없습니다. 평상시는 사무실의 자리에 있는 PC에서 LAN을 경유해 작업하거나, 경우에 따라서는 자택의 PC에서 VPN을 경유해 작업을 하게 됩니다.

▮ OS에 따라 원격 관리 방법이 다르다

리눅스 서버를 원격으로 조작할 때는 'SSH^{Secure SHell}'이라는 프로토콜을 사용합니다. SSH는 공개키 암호화 방식과 공통키 암호화 방식을 조합해서 통신을 암호화합니다. SSH로 서버에 접근하는 경우 윈도우 PC에서는 'Tera Term'이나 'PuTTY'를, 리눅스 PC나 Mac에서는 '터미널'이라는 소프트웨어를 사용합니다. SSH로 서버에 접근하면 가장 먼저 사용자명과 비밀번호를 입력해야 합니다. 사용자 인증에 성공하면 CLI^{Command-line Interface} 화면이 표시되며 서버를 원격으로 조작할 수 있게 됩니다.

윈도우 서버를 원격으로 조작할 때는 '원격 데스크톱'을 사용합니다. 원격 데스크톱은 SSL/TLS와 독자적인 방식으로 통신을 암호화합니다. 원격 데스크톱으로 서버에 접근할 때는 마이크로소프트에서 제공하는 원력 데스크톱 클라이언트 소프트웨어를 사용합니다. 원격 데스크톱으로 서버에 접근하면 가장 먼저 사용자명과 비밀번호를 입력해야 합니다. 사용자 인증에 성공하면 GUI^{Graphical User Interface} 화면이 표시되며 서버를 원격으로 조작할 수 있게 됩니다.

▮ 클라우드 서비스로의 연결도 같다

클라우드 서비스상의 서버를 원격에서 조작할 때도 마찬가지입니다. 대상 서버의 공인 IP 주소, 또는 도메인명(FQDN)이 클라우드 서비스에서 제공됩니다. 리눅스 서버라면 SSH로, 윈도우 서버라면 원격 데스크톱으로 해당 주소 또는 도메인에 접근합니다.

원격 데스크톱은 'RDP(Remote Desktop Protocol)'이라는 프로토콜을 사용해 통신합니다. RDP의 포트 번호는 TCP 3389번입니다.

플러스 1

그림과 작동 원리로 쉽게 이해하는 서버의 기초

● 평상시, 서버는 자리의 PC에서 원격으로 관리한다

자리의 PC에서 LAN을 경유해, 경우에 따라서는 사외에서 VPN을 경유해 서버에 접속해서 조작합니다. 클라우드 서비스상의 서버도 동일합니다.

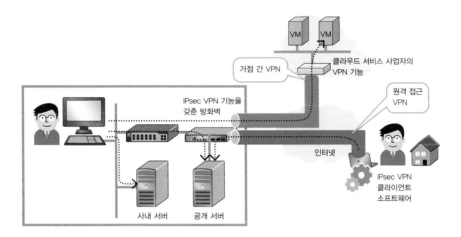

일반적으로 리눅스 서버에는 SSH, 윈도우 서버에는 원격 데스크톱으로 접속합니다.

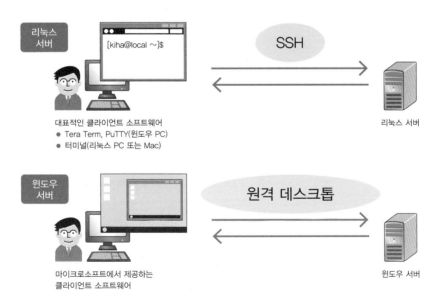

8 _ 서버 운영 관리

03 / 업데이트 프로그램 설치

시스템을 운용하는 중에 정기적으로 발생하는 작업이 업데이트 프로그램의 설치입니다. 소프트웨어는 결국 사람이 만든 것입니다. 반드시 어딘가에 버그가 존재합니다. 시스템 관리자는 정기적으로 업데이트 프로그램을 설치하면서 버그에 대응합니다. 업데이트 프로그램을 설치할 때는 '애플리케이션의 작동'과 '재기동의 영향'을 고려해야 합니다

▣ 애플리케이션의 작동

모처럼 업데이트 프로그램을 설치해 OS를 수정했다고 해도, 그 위에서 작동하는 애플리케이션이 작동하지 않게 되면 무용지물입니다. 업데이트 프로그램을 설치할 때는 검증 환경의 서버에서 애플리케이션의 작동을 확인한 뒤, 프로덕션 환경에 적용하는 순서로 진행합니다. 검증 환경이 없는 경우에는 실패했을 때 백업으로부터 복원해야만 하므로, 그만큼의 리스크가 있음을 인식해야 합니다. 서버 OS에도 클라이언트 OS와 마찬가지로 자동 업데이트 기능이 있지만, 서버 OS는 수동으로 업데이트하는 것이 기본입니다. 업데이트 프로그램을 다운로드해 두었다가 설치는 시스템에 영향이 적은 시각으로 미루거나, 다운로드와 설치 모두 미루는 등 요건에 따라 수동으로 업데이트하는 패턴을 선택합니다.

▣ 재기동의 영향

업데이트 프로그램이 설치되면 대부분의 경우, 그 후에 재기동을 하게 됩니다. 사용자가 사용하는 윈도우 PC라면 특히 문제가 되지 않습니다. 그러나 서버라면 이야기가 다릅니다. 당연하지만 서버를 재기동하는 동안에는 서비스를 제공할 수 없습니다. 그러므로 사전에 정지 시간을 측정해두고, 사용자에게 영향이 없는 시간대를 선택해 재기동을 실행하도록 합니다. 그리고 재기동할 때는 미리 사내의 커뮤니케이션 도구를 사용해 서비스 정지에 관해 알려야 합니다.

OS상에서 작동하는 애플리케이션에 버그나 취약성을 발견했을 때도 같은 순서로 업데이트 프로그램을 설치합니다. 플러스 1

● 업데이트 프로그램 적용 순서

1 검증 서버에 설치해서 애플리케이션 작동을 확인한다

프로덕션 환경에서 기동 중인 서버에 무턱대고 설치하는 것이 아니라, 업데이트 프로그램으로 인해 오류가 발생하지 않는지, 먼저 검증 환경의 서버에서 작동을 확인하는 것이 안전합니다. 서버 재기동에 걸리는 시간도 측정합니다.

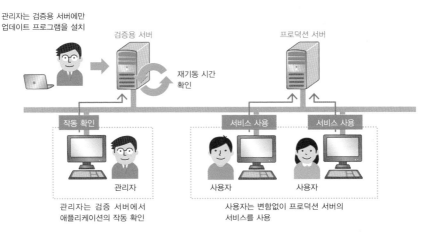

2 사용자에게 영향이 적은 시간대를 고려해, 프로덕션 서버에 설치한다

업데이트 프로그램을 설치하고 재기동하는 동안에는 서비스를 제공할 수 없습니다. 사용자에게 영향을 주지 않는 시간대에 업데이트 작업을 수행합니다. 그리고 사전에 사내 커뮤니케이션 도구를 통해 서비스 정지에 관해 안내해 둡니다.

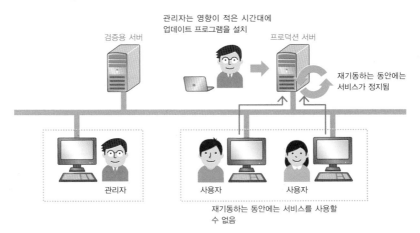

업데이트 프로그램 전송 관리

사내의 윈도우 OS 업데이트 프로그램 전송을 관리하는 서버가 Windows Server에 포함되어 있는 'Windows Server Update Services 서버(WSUS 서버)'입니다. 인터넷상에 있는 Windows Update 서버의 사내 버전이라고 생각하면 이해하기 쉽습니다. WSUS 서버를 사용하면 마이크로소프트 사이트로부터 다운로드한 업데이트 프로그램을 임의의 시점에 사내의 윈도우 PC에 전송할 수 있어, 복잡해지기 쉬운 버전 관리를 간단하게 할 수 있습니다.

WSUS 서버를 통한 업데이트 프로그램 설치

WSUS 서버는 지정된 일정 또는 임의의 시점에 마이크로소프트의 Windows Update 서버로부터 업데이트 프로그램을 다운로드합니다. 관리자는 다운로드한 업데이트 프로그램 중에서 전송할 프로그램과, 전송할 컴퓨터를 지정합니다. 사용자가 사용하고 있는 윈도우 PC는 그룹 정책, 또는 레지스트리에 설정한 일정을 기반으로 WSUS 서버에 접속하고 업데이트 프로그램을 다운로드합니다.

WSUS 서버 도입의 장점

Windows Update는 인터넷상에 있는 마이크로소프트의 사이트로부터 업데이트 프로그램을 다운로드합니다. 따라서 PC 수가 많아질수록 인터넷 회선 대역을 잡아먹습니다. WSUS 서버를 도입하면 업데이트 프로그램 다운로드가 한 번에 끝나므로, 유한한 인터넷 회선대역을 절약할 수 있습니다.

그리고 WSUS 서버는 '컴퓨터 그룹'이라 불리는 단위별로 전송할 업데이트 프로그램을 지정할 수 있습니다. 먼저 검정용 서버의 컴퓨터 그룹에 업데이트 프로그램을 설치하고 애플리케이션의 작동을 검증한 뒤, 사용자 PC가 포함된 컴퓨터 그룹에 설치하는 순서로 진행할 수 있어 업데이트 프로그램에 의한 애플리케이션 오류를 회피할 수 있습니다. 그리고 사용하는 윈도우 OS의 버전이나 빌드를 통일할 수 있으므로 보안 수준의 균일화를 도모할 수 있습니다.

● WSUS 서버를 사용해 사내에 업데이트 프로그램을 효율적으로 전송

WSUS 서버는 마이크로소프트 제품의 업데이트 프로그램을 전송을 관리하는 서버입니다.

WSUS가 없는 경우

사내 사용자나 서버가 동시에 마이크로소프트의 서버에 접근하게 되어 인터넷 회선 대역이 부족해집니다. 그리고 다양한 버전 및 빌드의 윈도우가 존재하게 되어 보안 수준에 차이가 발생합니다.

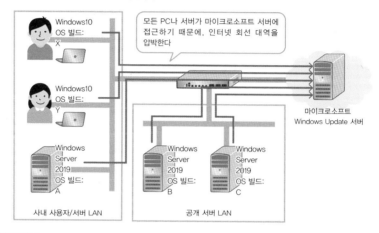

WSUS가 있는 경우

WSUS 서버가 업데이트 프로그램 파일을 인터넷에서 한 번만 다운로드하므로, 인터넷 회선 대역을 압박하지 않습니다. 승인한 버전, 빌드의 윈도우로 통일되어 보안 수준이 균일화됩니다.

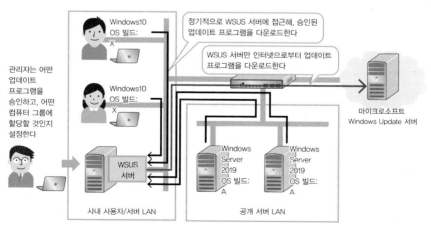

8_ 서버 운용 관리

관련 용어 검증용 서버 _ p.174 / 그룹 정책 _ p.90 / 액티브 디렉터리 도메인 서비스 _ p.90

백업과 복원

장애 시에 대비해 데이터의 사본을 얻는 처리를 '백업', 그 데이터(백업 데이터)로부터 되돌리는 작업을 '복원'이라 부릅니다.

서버를 운용함에 있어 관리자가 가장 두려워하는 장애가 '데이터 소실'입니다. 서버에는 중요한 데이터가 많이 존재하기 때문에, 데이터가 소실됐을 때의 영향은 측정할 수 없습니다. 데이터가 소실됐을 때 취할 수 있는 마지막 방법이 백업 데이터로부터의 복원입니다. 백업 및 복원은 백업 소프트웨어를 사용해 수행합니다. 대표적인 백업 소프트웨어에는 베리타스의 'Backup Exec', Arcserve의 'Arcserve Backup', 윈도우 서버에서 표준 제공하는 'Windows Server 백업' 등이 있습니다.

▣ 언제, 어디에, 무엇을 백업할 것인가

백업은 주로 야간 또는 새벽에 실시합니다. 백업은 서버에 많은 부하를 주는 처리입니다. 클라이언트가 접근하지 않는 시간대를 선택해서 실행합니다. 백업 장소는 동일 기기 안의 내장 하드 디스크나 NAS 또는 클라우드 서비스나 테이프 장치 등 다양합니다. 비용과 백업 속도, 데이터 용량, 관리 부하 등 여러 요소를 고려해 결정합니다. 백업 대상은 파일이나 폴더 단위, 디스크나 가상 머신 단위로 지정할 수도 있습니다. 단, 모든 것을 백업하는 것이 아니라 데이터 중요도에 따라 백업 대상을 선택합니다.

▣ 어떻게 백업할 것인가?

백업 방식에는 모든 데이터를 백업하는 '전체 백업', 전체 백업과의 차이를 백업하는 '차분 백업', '이전 백업에서 증가한 만큼의 데이터를 백업하는 '증분 백업'이 있습니다. 프로덕션 환경에서 서버를 백업할 때는 주간 백업, 일간 차분 백업 등과 같이 두 종류의 백업 방식을 조합해서 사용합니다.

백업 방식에 따라 복원 방법도 바뀝니다. 풀 백업은 한 번에 복원할 수 있습니다. 차분 백업은 풀 → 차분 순서로 복원합니다.

전용 도구를 사용해 백업 대상, 방식, 저장 위치 등을 관리

서버의 중요한 데이터는 반드시 백업(데이터 복사)을 해 둡니다. 만일 서버의 데이터가 소실됐을 때는 백업해 둔 데이터로부터 복원합니다.

백업 스케줄 관리
백업 데이터 및 미디어 관리

대표적인 백업 소프트웨어
- Backup Exec
- Arcserve Backup
- Windows Server 백업

언제 백업하는가

일간 백업은 자동화하고, 야간이나 새벽 등 클라이언트가 접근하지 않는 시간대에 수행합니다.
주간 또는 월간 백업은 일반적으로 서버 전체 백업을 오랜 시간 수행합니다.

| 0시 | 1시 | 2시 | 3시 | 4시 | 5시 | 6시 | 7시 | 8시 | ~ | 23시 |

시비스 시간 → 서비스 시간 외 → 서비스 시간

- 서비스 정지
- 백업
- 서비스 기동

직원의 업무 시간에는
서비스 제공

어디에 백업하는가

내장 하드 디스크나 NAS, 클라우드 서비스, 테이프 장치 등 여러 선택지가 있습니다.

내장 하드 디스크   클라우드 서비스

NAS

무엇을 백업하는가

파일이나 폴더 단위, 디스크나 가상 머신 단위 등으로 지정할 수 있습니다. 중요도에 따라 백업 대상을 선택합니다.

VM

어떤 형태로 백업할까

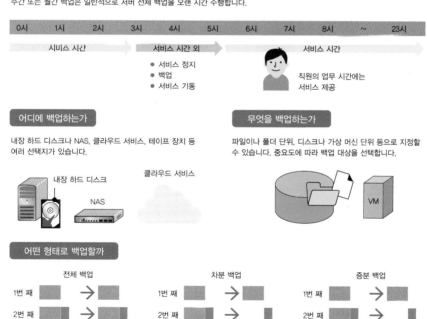

전체 백업
1번 째 →
2번 째 →
3번 째 →
항상 모든 데이터를 복사

차분 백업
1번 째 →
2번 째 →
3번 째 →
전체 백업과의 차이만 복사

증분 백업
1번 째 →
2번 째 →
3번 째 →
직전 백업에서 증가한 만큼을 복사

관련 용어　클라우드 서비스 _ p.58　/　NAS _ p.92

06 명령어로 네트워크 상태를 확인한다

네트워크 장애가 발생했을 때, CLI에서 네트워크 상태를 확인하는 명령어가 '네트워크 명령어'입니다. 네트워크 명령어는 윈도우 PC에서는 '명령어 프롬프트'나 'PowerShell'에, 리눅스 PC나 Mac에서는 '터미널'에 입력합니다. 대표적인 네트워크 명령어에는 다음과 같은 것들이 있습니다.

- ipconfig(윈도우OS) / ifconfig(데비안 계열 리눅스 OS) / ip addr show(레드햇 계열 리눅스 OS) : IP 주소나 서브넷 마스크, 기본 게이트웨이 등 네트워크에 관한 설정을 표시하는 명령어입니다.

- ping: 특정 IP 주소와의 소통 여부를 확인하는 명령어입니다. 'ICMP^Internet Control Message Protocol' 제어 데이터를 송수신하여 서로의 소통을 확인할 수 있습니다.

- tracer(윈도우 OS) / traceroute(리눅스 OS) : 특정 IP 주소에 대한 경로를 확인하는 명령어입니다. 어떤 경로를 따라 해당 IP 주소까지 도달하는지 확인할 수 있습니다.

- arp : ARP 테이블의 정보를 표시하는 명령어입니다. 같은 네트워크에 있는 컴퓨터의 MAC 주소를 확인할 수 있습니다.

- nslookup : DNS를 사용한 이름 결정을 확인하는 명령어입니다. DNS 서버에서 이름 결정이 가능한지 확인하기 위해 사용합니다.

- netstat : 연결 정보(연결되어 있는 IP 주소나 포트 번호) 또는 경로 정보를 표시하는 커맨드입니다. 송수신한 패킷 수나 에러 패키지 수 등 NIC의 통계 정보를 확인할 수 있습니다.

그림과 작동 원리로 쉽게 이해하는 서버의 기초

최근에는 명령어를 GUI 기반으로 실행하는 도구도 많이 제공되고 있습니다. 명령어 사용에 거부감이 있다면 이런 도구를 활용하는 것도 좋습니다.

플러스 1

네트워크 상태는 명령어를 실행해서 확인할 수 있다

OS는 네트워크 상태를 확인할 수 있는 명령어를 제공합니다. 명령어를 실행하면 그에 따른 결과가 화면에 표시됩니다.

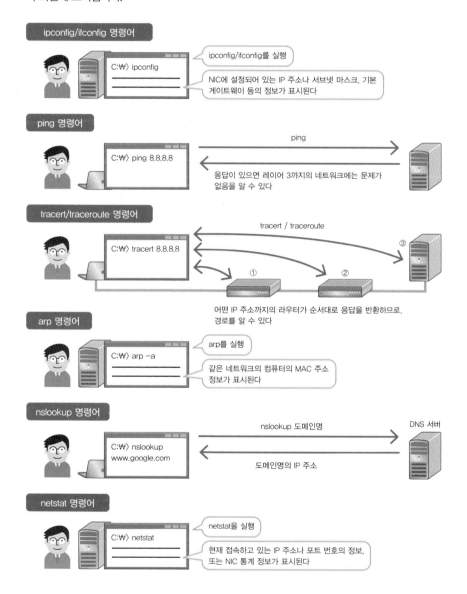

ipconfig/ifconfig 명령어

C:₩〉ipconfig

ipconfig/ifconfig를 실행

NIC에 설정되어 있는 IP 주소나 서브넷 마스크, 기본 게이트웨이 등의 정보가 표시된다

ping 명령어

C:₩〉ping 8.8.8.8

ping

응답이 있으면 레이어 3까지의 네트워크에는 문제가 없음을 알 수 있다

tracert/traceroute 명령어

C:₩〉tracert 8.8.8.8

tracert / traceroute

① ② ③

어떤 IP 주소까지의 라우터가 순서대로 응답을 반환하므로, 경로를 알 수 있다

arp 명령어

C:₩〉arp -a

arp를 실행

같은 네트워크의 컴퓨터의 MAC 주소 정보가 표시된다

nslookup 명령어

C:₩〉nslookup www.google.com

nslookup 도메인명

DNS 서버

도메인명의 IP 주소

netstat 명령어

C:₩〉netstat

netstat을 실행

현재 접속하고 있는 IP 주소나 포트 번호의 정보, 또는 NIC 통계 정보가 표시된다

명령어로 장애를 확인한다

서버도 네트워크에 연결되어 있지 않으면 그저 깡통에 지나지 않습니다. 네트워크에 장애가 발생했을 때는 네트워크의 어디에 장애가 발생했는지, 8-06의 네트워크 명령어를 사용해 확인합니다. 네트워크에 장애가 발생했을 때는 OSI 참조 모델의 물리층에서 위쪽 방향으로 순서대로 상태를 확인합니다.

▐ 물리층에서 위쪽 방향으로 상태를 확인

먼저 NIC가 정상적으로 링크 업되어 있는지, 물리층을 확인합니다. 링크 업되어 있지 않으면 NIC 및 연결 중인 스위치의 인터페이스, LAN 케이블의 장애를 의심할 수 있습니다. 연결된 스위치의 인터페이스를 바꾸거나, 새로운 LAN 케이블로 바꾸는 등, 장애 부위를 교체합니다.

링크 업 되어 있다면, 데이터링크층의 장애를 의심해봅니다. 기본 게이트웨이에 ping을 던져서, 응답이 없다면 arp로 기본 게이트웨이의 MAC 주소를 인식하는지 확인합니다. MAC 주소를 인식하고 있다면 기본 게이트웨이에서 통신을 거부하고 있지 않은지 확인합니다. MAC를 인식하고 있다면, 스위치가 기본 게이트웨이에 무언가 문제가 있는 것입니다.

기본 게이트웨이로부터 응답이 돌아오면, 그 이후의 앞의 네트워크층의 장애를 의심해봅니다. 기본 게이트웨이 이후에 있는 네트워크의 IP 주소에 ping을 던져봅니다. 응답이 없다면 tracert를 사용해서 어디까지 경로를 확보했는지 확인합니다. tracert의 응답이 없는 부분에 무언가의 장애가 있음을 알 수 있습니다.

tracert(traceroute)로 경로가 확보되어 있다면, 트랜스포트층의 장애를 의심해봅니다. 트랜스포트층의 장애 중 가장 많은 것이 방화벽 규칙의 설정 오류입니다. 방화벽에서 통신이 거부되어 있지 않은지 확인합니다.

방화벽에서 통신이 허가되어 있다면, 애플리케이션 수준의 장애가 발생한 것입니다. 예를 들어, 웹브라우저와 같이 URL에 접근할 수 있다면, 이름 해결이 되는지 nslookup을 확인하고, 이름 해결이 되지 않는다면 DNS 서버의 장애를 의심해봅니다.

● 네트워크에 장애가 있을 때는 물리층으로부터 순서대로 확인한다

네트워크에 장애가 발생했을 때는 OSI 참조 모델의 레이어 1(물리층)으로부터 위쪽 방향으로 순서대로 상태를 확인합니다.

1 NIC가 정상적으로 링크 업 되어 있는지 확인한다

NIC의 LINK 램프가 켜져 있는지 눈으로 확인합니다. 램프가 켜져 있지 않다면 NIC나 스위치의 인터페이스, LAN 케이블의 장애를 의심해봅니다.

2 기본 게이트웨이의 MAC 주소를 인식하고 있는지 확인한다

기본 게이트웨이에 ping 명령어를 던집니다. 응답이 없다면 arp 명령어로 기본 게이트웨이의 MAC 주소를 인식하고 있는지 확인합니다. 인식하고 있지 않다면 스위치의 장애나, 기본 게이트웨이의 설정 오류를 의심해봅니다.

① ping
② ping의 응답이 없으면 arp로 MAC 주소를 확인

3 목적한 컴퓨터까지 통신 경로가 확보되어 있는지 확인한다

기본 게이트웨이 이후의 수신지 IP 주소에 ping 명령어를 던집니다. 응답이 없다면 tracert 명령어가 어디까지 경로를 확보하고 있는지 확인합니다. tracert의 응답이 사라진 부분에 무언가 장애가 발생한 것입니다.

① ping
② ping의 응답이 없으면 tracert로 어디까지 경로가 확보되어 있는지 확인

4 방화벽에서 통신이 필터링되어 있지 않은지 확인한다

방화벽에서 통신이 거부되어 있지 않은지 확인합니다.

5 DNS 서버에서 이름 해결이 되는지 확인한다

URL을 IP 주소로 변환하는지 nslookup 명령어로 확인합니다. 변환이 되지 않는 경우에는 DNS 서버의 장애를 의심해봅니다.

08

NTP 서버의 역할

NTP 서버는 'NTP^Network Time Protocol'라는 프로토콜을 사용해 시각(時刻) 정보를 전송하는 서버입니다. 장애가 발생했을 때 가장 중요한 정보는 '시각'입니다. 서버나 네트워크 기기의 시각이 같지 않으면 발생한 이벤트들을 시계열로 나열할 수 없기 때문에 정보를 정리할 수 없습니다. NTP 서비스를 제공하는 서버 소프트웨어는 리눅스 계열 서버 OS에서 작동하는 'ntpd', 윈도우 서버 계열 OS에 표준으로 포함되어 있는 'w32time(Windows Time 서비스)'이 있습니다.

▌ NTP 서버는 UDP를 사용한다

NTP 서버가 시작 전송에 사용하는 NTP는 클라이언트의 '지금이 몇 시입니까?'라는 시각 요청에 대해 '지금, ○○시입니다'로 시각을 반환하는 매우 간단한 작동을 합니다. 신뢰성보다는 즉시성이 요구되므로 UDP(포트: 123번)를 사용합니다.

▌ NTP 서버는 계층 구조로 되어 있다

NTP 서버는 '스트레이텀^stratum'이라는 값을 사용한 계층 구조로 되어 있습니다. 스트레이텀은 시각 소스로부터의 네트워크 거리(NTP 홉^hop 수)를 나타냅니다. 최상위는 'Stratum 0'이며, 원자 시계(세슘 시계)나 GPS, 표준 전파 등, 절대로 어긋나서는 안 되는 정확한 시각 소스입니다. 거기에서 계층이 내려갈수록 'Stratum 1', 'Stratum 2'…으로 숫자가 커집니다. 'Stratum 0'인 서버 이외의 NTP 서버는 상위 스트레이텀의 NPT 서버에 대한 NTP 클라이언트이기도 합니다. 그리고 상위 NTP 서버와 시각을 동기화할 수 없는 한, 하위 서버에 시각을 전송하지 않습니다. 예를 들어, 'Stratum 2'인 NTP 서버는 'Stratum 3'의 NTP 서버인 동시에, 'Stratum 1'의 NTP 클라이언트이기도 합니다. 그리고 'Stratum 1'과 시작이 동기화되지 않는 한 'Stratum 3'에는 시각을 전송하지 않습니다.

전파 시계에서 사용하는 표준 전파 시각 정보를 NTP로 변환해서 전송하는 어플라이언스 서버도 있습니다. 인터넷에 접속하지 않는 네트워크 환경에 유효합니다.

플러스
1

● 장애 해결의 단서로서 '시각' 정보는 가장 중요

장애가 발생했을 때 서버나 네트워크 기기의 시각이 다르면, 발생한 이벤트를 시계열로 나열할 수 없습니다.

그렇기 때문에 서버나 네트워크 기기에서는 시각을 맞추기 위해 **NTP 서버**를 지정하고, 시각을 받도록 설정합니다.

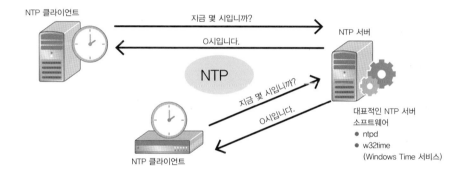

NTP 클라이언트

지금 몇 시입니까?
O시입니다.

NTP

NTP 서버

지금 몇 시입니까?
O시입니다.

NTP 클라이언트

대표적인 NTP 서버 소프트웨어
● ntpd
● w32time
(Windows Time 서비스)

● NTP 서버는 계층 구조로 되어 있다

상위부터 하위로 시각 정보를 전송함으로써 소수의 시각 소스에 접근이 집중되지 않도록 합니다.

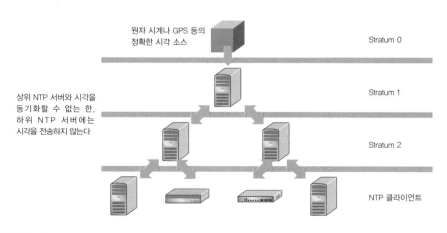

원자 시계나 GPS 등의 정확한 시각 소스

Stratum 0

상위 NTP 서버와 시각을 동기화할 수 없는 한, 하위 NTP 서버에는 시각을 전송하지 않는다

Stratum 1

Stratum 2

NTP 클라이언트

관련 용어 리눅스 계열 서버 OS _ p.72 / UDP _ p.46 / 윈도우 계열 서버 OS _ p.72

Syslog 서버의 역할

시스템에 장애가 발생했을 때, 가장 먼저 확인해야 하는 정보가 서버나 네트워크 기기의 이벤트(로그)가 기록된 로그 파일입니다. '언제, 어느 기기에, 어떤 이벤트가 발생했는가', 이것을 얼마나 잘 정리할 수 있는가가 해결의 핵심입니다. 이 로그를 수집하는 서버가 'Syslog' 서버입니다. Syslog 서버는 서버나 네트워크 기기로부터 Syslog 프로토콜로 전송되어 오는 로그를 수신하고, 일괄적으로 관리합니다. Syslog 서비스를 제공하는 서버 소프트웨어로는 리눅스 계열 서버 OS에서 작동하는 'syslog-ng'나 'rsyslog', 윈도우 계열 서버 OS에서 작동하는 'Kiwi Syslog Server' 등이 있습니다.

로그를 정리한다

Syslog 서버로 로그를 정리할 때 사용하는 항목이 Syslog 메시지에 포함되는 'Facility'와 'Severity'입니다. Facility는 로그의 종류를 나타냅니다. Facility에는 커널(OS의 핵심 부분) 로그를 나타내는 'kern', 데몬(상주 프로그램) 로그를 나타내는 'daemon' 등, 모두 24종류가 있습니다. Severity는 로그의 긴급성/중요도를 나타냅니다. Severity에는 긴급도가 높은 것부터 순서대로 'Emergency(긴급 사태)', 'Alert(위급한 상태)', 'Critical(치명적인 에러)', 'Error(일반적인 에러)', 'Warning(경고)', 'Notice(중요한 알림)', 'Informational(일반적인 정보)', 'Debug(디버그 정보)'가 있습니다.

로그를 필터링한다

Syslog 서버를 운용하다 보면 장애가 발생했을 때 막대한 양의 Syslog 메시지가 전송되어, 중요한 로그를 놓치기 십상입니다. 필요할 때 도움이 되지 않으면 모처럼의 로그도 썩은 보물에 지나지 않습니다. Severity나 Facility, 메시지에 포함된 문자열 등을 사용해 Syslog 메시지를 필터링해서, 중요한 로그를 놓치지 않도록 합니다.

로그 파일은 시간이 지남에 따라 거대해지고 스토리지 용량을 압박합니다. 일정 이상 크기의 파일이나 시간이 오래된 파일을 삭제하거나, 새로운 파일을 만들어 거대화를 방지합니다. 플러스 1

장애가 발생했을 때는 로그를 가장 먼저 확인한다

장애가 발생했을 때, 서버나 네트워크 기기의 로그를 확인함으로써 언제, 어느 기기에 어떤 이벤트가 발생했는지 정리할 수 있습니다.

Syslog 서버를 구축하면 그런 로그들을 수집해 일괄적으로 관리할 수 있습니다.

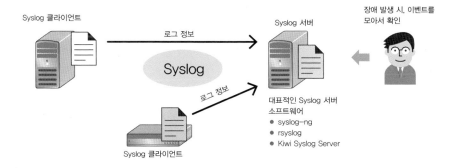

로그 메시지는 종류와 긴급도로 정리할 수 있다.

로그 메시지

Date	Facility	Severity	Host Name	Message
2016-2-14 11:59:03	User	Error	ubu01.local	Script failed to load

날짜와 시간

로그의 종류. OS의 핵심 부분을 나타내는 'kern', 상주 프로그램을 나타내는 'daemon' 등, 24종류가 있다

로그의 긴급도/중요도. 긴급 사태를 나타내는 'Emergency', 위급한 상태를 나타내는 'Alert' 등, 8종류가 있다

로그를 보내온 컴퓨터

어떤 이벤트가 발생했는가에 관한 메시지

장애가 발생했을 때는 막대한 양의 로그가 출력되므로, 로그에 포함된 문자열을 사용해 필터링함으로써 중요한 로그를 찾아냅니다.

관련 용어 　리눅스 계열 서버 OS _ p.72 / 윈도우 계열 서버 OS _ p.72

10 SNMP 서버의 역할

Syslog 서버와 함께 운용 관리에서 사용하는 서버가 SNMP 서버입니다. SNMP 서버는 크게 상태/설정 감시, 설정 변경, 장애 감지라는 세 가지 역할을 담당합니다. 평상시에는 서버나 네트워크 기기 등 감시 대상이 되는 SNMP 클라이언트의 상태 정보나 설정 정보를 정기적으로 얻고, 경우에 따라서는 설정을 변경하기도 합니다. 장애 시에는 SNMP 클라이언트로부터 전송되어 온 장애 정보를 받습니다. SNMP 관리자 서비스를 제공하는 서버 소프트웨어로는 오픈 소스인 Zabbox나 net-snmp, TWSNMP 매니저, IBM의 Tivoli NetView 등이 있습니다.

■ 상태 정보나 설정 정보를 얻는다

SNMP 서버는 SNMP^{Simple Network Management Protocol}이라는 프로토콜을 사용해 SNMP 클라이언트가 가지고 있는 MIB^{Management Information Base}의 정보를 정기적으로 얻습니다. MIB는 SNMP 클라이언트의 상태 정보나 설정 정보가 기록된 데이터베이스 같은 것입니다. SNMP 서버는 얻은 데이터를 그래프화하는 등 관리자가 보기 쉽도록 가공합니다.

■ 설정을 변경한다

설정을 변경할 때도 MIB를 사용합니다. SNMP 서버는 설정을 변경할 SNMP 클라이언트에 SNMP로 접근해, MIB 정보를 바꿔 씁니다. SNMP 클라이언트는 바꿔 쓰여진 MIB 정보를 기반으로 설정을 변경합니다.

■ 장애를 알린다

SNMP 클라이언트는 무언가의 장애가 발생하면 그에 맞춰 SNMP로 장애 정보를 전송합니다. 이 작동은 Syslog와 비슷합니다. SNMP 서버는 장애 정보를 받으면 설정에 따라 주의 메시지를 팝업으로 표시하거나, 메일을 보내는 등으로 처리합니다.

MIB 정보는 루트를 꼭짓점으로 하는 트리 구조로 관리됩니다. 각 정보에는 OID^{Object ID}라 불리는 식별자가 부여되어 있으며, SNMP에서 지정해 값을 얻을 수 있습니다.

● SNMP는 네트워크를 경유해서 시스템을 감시/설정한다

SNMP에 대응하는 서버와 네트워크 기기가 SNMP 클라이언트가 됩니다. SNMP 클라이언트는
상태 정보(CPU 사용률이나 메모리 사용률 등)와 설정 정보(호스트명이나 IP 주소 등)가 기록된
MIB라는 데이터베이스를 갖고 있습니다.

MIB   MIB   MIB   MIB

정보 취득과 설정 변경

SNMP 서버로부터 SNMP 클라이언트로 명령어를 보내고, MIB의 정보를 읽어서 MIB 정보를 바꿔
씀으로써 상태 정보나 설정정보를 얻고, 설정을 변경할 수 있습니다.

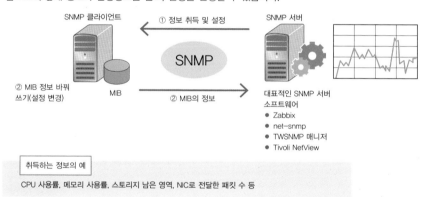

SNMP 클라이언트
① 정보 취득 및 설정
SNMP
② MIB 정보 바꿔
쓰기(설정 변경)
MIB
② MIB의 정보

SNMP 서버

대표적인 SNMP 서버
소프트웨어
● Zabbix
● net-snmp
● TWSNMP 매니저
● Tivoli NetView

취득하는 정보의 예

CPU 사용률, 메모리 사용률, 스토리지 남은 영역, NIC로 전달한 패킷 수 등

장애 알림

SNMP 클라이언트에 무언가의 장애가 발생하면 SNMP 클라이언트로부터 SNMP 서버로 정보를
전송합니다.

SNMP 클라이언트
① 장애 발생
MIB
SNMP
② 장애 정보(장애 알림)
SNMP 서버
③ 관리자에게 알림

관련
용어   Syslog 서버 _ p.186

찾아보기